한국 기독교 선구자
서 상 륜

한국 기독교 선구자
서 상 륜

김수진 지음

한국 기독교 선구자
서 상 륜

이 책을 _____ 에게 드립니다.

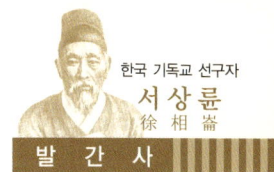

발간사

　나는 예수를 믿고 축복받은 사람 중의 하나다. 유년시절부터 예수를 믿고 마을에 있는 교회를 다녔는데 그때부터 예수를 믿으면 큰 축복을 받는다는 말을 듣고 열심히 신앙생활에 매진하였다.

　초등학교를 졸업하고 다른 친구들은 모두 가까운 지역에 있는 중학교에 진학을 하였지만 나는 가정 형편이 어려워 가방 대신 지게를 짊어지고 나무를 해 서산 장터에서 팔았었다. 그 때 나는 생각했다. '고향을 떠나면 성공할 수 있다' 그래서 서산을 탈출하여 서울에서 생활을 하다가 때마침 문패를 달라고 소리치고 다니는 일을 하게 되었다. 그리고 후에는 그 일을 접고 종로 3가에 조그마한 남의 사무실에 책상 하나를 놓고 캘린더 주문을 맡아 중간 심부름 하는 일이 나의 생활이 되었다.

　여기서 성실하게 일을 하여 결국 캘린더로 승부를 걸고 열심히 노력하게 되었는데 그 결과로 하나님의 축복을 받아 전국의 캘린더 60%를 책임질 정도로 사업이 성장하였다. 이렇게 축복을 받고 한국교회가 나에게 엄청난 선물을 주었는데 여기에 어떻게 보답을 할까 생각하던 중 2004년 4월 12일 〈한국기독교성지순례선교회〉를 조직하고 2005년 2월에는 (주)홀리원투어를 설립하였다.

이 두 기관을 통하여 한국교회의 순교지와 유적지를 발굴하여 순례함으로 그 순교의 신앙을 계승하여 초대교회의 신앙을 회복하는 일에 힘을 쏟아 왔었다. 이러한 사업을 체계적으로 진행하던 중, 나는 매년 정초나 추석 명절이 되면 가족들과 함께 양화진에 묻혀있는 선교사들의 묘 앞에서 예배를 드리곤 했다.

또한 한국 기독교의 선구자적인 역할을 했던 이수정과 서상륜의 행적을 잊지 않고 관심을 갖고 있었다. 먼저 이수정의 신앙의 삶을 체험하고자 〈한국기독교성지순례선교회〉 전문위원들과 함께 일본을 답사하고 왔다. 그러면서 한국 최초의 자생적 교회인 소래교회를 설립했던 서상륜의 행적을 그냥 묻히게 하고 싶지 않아 경기도 용인에 있는 총신대학교 신학대학원 캠퍼스 내에 복원된 황해도 소래교회 그 옆 뜰에 〈한국 기독교 선구자 서상륜 기념비〉, 〈한국 기독교 선구자 이수정 기념비〉를 세웠다. 이 제막식에 준비위원장의 직책을 맡아 참여한 모든 이들에게 감사하다는 인사를 하던 중 나도 모르게 눈물이 양 볼을 따라 흘러내렸던 일이 있었다. 그저 감사할 뿐이었다.

이미 이수정에 대한 책은 출간하였지만 서상륜에 대한 책을 출간하지 못해 아쉬워하던 차에 김수진 목사가 집필을 완료하고 『한국 기독교 선구자 서상륜』이란 책을 비로소 출간하면서 발간사를 쓰게 되었다. 뒤늦게 출간되어 늦은 감은 있지만 그 기쁨을 한국교회 교인들과 함께 나누고자 한다. 이 책을 집필하는 데 수고하신 김수진 목사에게 감사를 드리고 출판에 수고하신 도서출판 진흥 최석환 이사와 여러 직원들에게 감사를 드린다.

2009년 4월
한국기독교성지순례선교회 창립 5주년을 맞이하면서
박경진 회장

머리말

　한반도에 기독교가 전래되는 과정은 2개의 루트로 파악할 수 있다. 그 중 하나는 북쪽 중국을 통해서 전래된 방식이며, 다른 하나는 남쪽 일본을 통해서 전래된 것으로 이 두 경로를 통해 기독교 문화의 꽃이 피어나게 되었다. 그 후 많은 열매를 맺어 세계선교 역사상 유례없이 120여 년의 짧은 기간에 전체 인구의 25%가 기독교인이 되었으며, 여기에 세계 각국으로 선교사를 파송하는 일은 미국 다음으로 그 순위를 차지하고 있다. 2009년도 현재 15,000명이 해외 여러 나라에서 선교사역을 하고 있다.

　이렇게 한국교회가 성장할 수 있었던 것은 미국을 비롯해서, 캐나다, 호주, 영국 등지에서 선교사를 파송한 결과라고 볼 수 있다. 만일 한반도가 분단만 되지 않았으면, 미국을 제치고 세계에서 선교사를 제일 많이 파송한 나라가 될 수 있었는데 하는 아쉬움이 생기기도 한다.

　중국을 통해서 기독교가 전래되는 과정 중 평양 대동강에서 있었던 토마스 선교사의 순교로 복음의 씨앗이 뿌려졌다. 그가 순교를 하자 그 피를 헛되이 하지 않으려고 스코틀랜드 선교회에서는 로스 선교사를 파송하여 중국 동북부 지방에 있는 고려문과 심양을 통해 한반도에 복음의 물결을 펴게 된다. 이때 바로 고려문을 통해서 만났던 의주 청년들이 새로운 신앙공동체를 형성하고 여기에 서상륜이 중심이 되어 선교사가 입국하기 전 자생적(自生的)으로 설립한 교회가 바로 황해도 장연군 대구면에 자리 잡은 소래교회(松川敎會)다.

이 엄청난 일을 했던 서상륜은 사실 한국 기독교계에서 별로 알려지지 않았다. 그리고 이러한 관계로 서상륜에 대한 전기(傳記)가 없어서 퍽 안타깝게 여긴 사람이 바로 박경진 회장이다. 박경진 회장은 5년 전에 자산의 일부를 희사하여 (주)홀리원투어와 함께 〈한국기독교성지순례선교회〉를 창설하였다. 나는 장로회신학대학교 신학대학원에서 [한·일교회의 역사]를 수강했던 신대원생을 인솔하고 일본에서 선교사 유치운동에 크게 공헌한 이수정의 발자취를 따라 여러 해 동안 역사 탐방을 직접 실시하였다. 이러한 경험을 갖고 내가 속해 있는 〈한국기독교성지순례선교회〉 내에 있는 전문위원들을 2005년 1월에 직접 인솔하여 일본에서 이수정의 행적을 탐방한 일이 있다. 이러한 관계로 『한국 기독교 선구자 이수정』이란 책을 집필하고 이를 도서출판 진흥에서 발간했다. 역시 이 책을 발간하는 일에 박경진 회장의 전폭적인 지원이 있어 출판기념회를 가짐과 동시에 〈한국 기독교 선구자 서상륜, 이수정 기념비 제막 발기위원회〉가 발족하게 되었다.

그리고 마침내 2006년 6월 경기도 용인시에 위치한 총신대학교 신학대학원에 자리 잡고 있는 소래교회당 뜰에 두 선구자의 기념비를 세우게 되었다. 이미 소래교회는 6·25 전쟁시 월남했던 황해도 출신 목사, 장로들을 중심으로 하여 복원되었었다. 바로 그 자리 옆에 두 선구자의 기념비를 세운 것이다.

장로회신학대학교 신학대학원에서 [중국개신교회]를 강의하면서 학기가 끝나는 여름방학을 이용하여 중국 로스 선교사의 행적을 찾아 몇 차례 역사 탐방을 실시했던 일이 있었다. 이후 박경진 회장과 함께 늘 서상륜에 대한 책을 출간했으면 하는 생각을 갖고 있던 차에 역시 박경진 회장의 협력으로 지난 2005년 6월에 〈한국기독교성지순례선교회〉 전문위원들이 고려문과 로스 선교사의 행적을 찾아 나섰다. 그러나 고려문은 이미 중국 문화혁명으로 인하여 철거되었으며, 그 자리에 '변문진'이란 기념비가 세워진 상태였다. 우리 일행들은 그렇게 보기 원했던 고려문이 없음을 못내 아쉬워하면서 로스 선교사가 사역하고 그곳에서 신약을 번역했다는 심양 동관교회를 대신 방문하여 그의 숨결을 느껴보았다.

그 후 박경진 회장은 나에게 서상륜에 대한 글을 써서 출판을 하자고 여러 해 동안 부탁하였다. 이것을 계기로 하여 서상륜에 대한 자료를 2년간 모았으며, 그 자료를 토대로 글을 쓰기 시작하였다. 이러한 가운데 뜻하지 않게 E. 매컬리의 『케이프 브레튼에서 소래까지』(유영식 역)라는 책을 번역자로부터 직접 받고 그 책을 읽는 중에 자신감을 얻어 서상륜 전기를 집필하였다.

여기에 필요한 사진 중 로스 선교사와 관련된 스코틀랜드의 사진은 「기독공보사」의 협력으로 얻을 수 있었다. 스코틀랜드의 사진을 구입할 수 있어서 얼마나 좋았는지 말로 다 표현할 수 없다. 또 그동안 서상륜과 서경조에 관련된 사진도 최대한 확보하였다.

단지 아쉬운 점이 있다면 황해도 장연군 소래교회가 있었던 그 땅을 방문하지 못했던 일이다. 현재 소래교회가 있었던 그 지역은 북한 군사기지가 되어서 아무나 갈 수 있는 곳이 아니다. 그 곳을 방문하지 못한 것이 이 책을 집필하는 데 못내 아쉬움을 갖게 한다. 그러나 언젠가 남북통일이 되는 그 날에는 누구든지 갈 수 있게 될 테니 그날만을 학수고대하고 있다.

끝으로 이 책을 출간하는 데 연구비를 지원해 주고 출판까지 맡아준 신앙의 동지 박경진 회장과 이 책을 출판하는 데 힘을 기울여준 최석환 이사 및 직원들에게 감사를 드리면서 이만 줄인다. "대단히 감사합니다."

2009년 3월, 3·1운동 90주년을 맞이하면서
김수진 목사

목 차

발간사/박경진 · 7
머리말/김수진 · 10

1부 조선의 첫 순교자 토마스 선교사 / 19

1. 한문성경을 조선에 전해준 구출라프 선교사_ 20
2. 인생의 첫 슬픔을 만난 토마스 선교사_ 23
3. 황해도 백령도에 머문 토마스 선교사_ 27
4. 대동강에서 순교한 토마스 선교사_ 31

2부 로스 선교사와 고려문 / 39

1. 로스 선교사가 중국에 오기까지_ 40
   1) 고려문은 온데간데없고 ... 40
   2) 고려문에서 조선인을 찾고 있는 어느 선교사 ... 44
   3) 기독교로 개종한 의주 청년들 ... 47
2. 서상륜, 고려문에서 예수를 영접하다_ 58
   1) 성경번역과 출판 ... 58
   2) 첫 복음서가 조선 땅에 상륙하다 ... 64
3. 로스 선교사의 로스행전_ 69
   1) 로스 선교사의 숨결을 찾아서 ... 69
   2) 중국인들과 함께 살아간 로스 선교사 ... 79
4. 두 번째 맞이한 안식년_ 85

5. 로스 선교사의 마지막 사역_ 92
        1) 조선에도 세례교인이 있다 ... 92
        2) 마펫과 게일 선교사를 상면한 로스 선교사 ... 98
        3) 여성을 축출하면 안 됩니다 ... 99
        4) 중국인 선교에 생을 마친 로스 선교사 ... 101
        5) 지금도 동관교회에 살아있는 로스 선교사 ... 105

3부 서상륜의 발자취 / 109

    1. 서상륜의 행적_ 110
        1) 고향을 탈출하다 ... 110
        2) 당골 마을에 기도소리가 ... 114
    2. 소래에 자생적 교회가 설립되고_ 116
    3. 소래교회 부지는 당골 마을_ 120
    4. 서상륜의 서울 나들이_ 123
        1) 선교사들, 조선에 입국하다 ... 123
        2) 새문안교회 설립에 참여한 서상륜 형제 ... 127
    5. 천민을 상대로 복음을 전하는 서상륜_ 135
    6. 소래교회와 매켄지 선교사_ 139
        1) 소래와 함께한 선교사들 ... 139
        2) 매켄지 선교사, 소래에 도착하다 ... 143
        3) 소래교회와 협력했던 매켄지 선교사 ... 149

4) 십자가 기를 높이 달고 ... 152
　　　5) 소래교회 건축에 참여한 동학도들 ... 159
　　　6) 천국으로 돌아간 매켄지 선교사 ... 164
　7. 매켄지 선교사의 맥을 이어간 캐나다 선교사들_ 169
　8. 전라도 고부에서 일어난 동학농민운동_ 174
　9. 총회장(總會葬)으로 고별식을 거행하다_ 179
　　　1) 솔직하게 회개한 서상륜 ... 179
　　　2) 총회장(總會長)이 아니어도 총회장(總會葬)을 할 수 있다 ... 187
　10. 소래교회 복원_ 191
　　　1) 황해도 소래교회, 6·25 전쟁으로 파괴되다 ... 191
　　　2) 경기도 용인시에 소래교회를 복원하다 ... 192

4부 서경조 조사가 목사 되기까지 / 197

　1. 서경조는 누구인가 _ 198
　2. 백령도 중화동교회 설립자_ 203
　3. 최초로 축도한 서경조 목사_ 209
　4. 새문안교회 동사목사가 되다_ 211
　5. 상해에서 삶을 마감하다 _ 217

5부 해서제일학교 / 219

1. 소래교회, 야학당으로 출발하다_ 220
2. 해서제일학교로 발전하다_ 223
3. 해서제일학교 역대 교장들_ 224
4. 걸출한 인물을 배출한 해서제일학교_ 225

부록 / 229

1. 한국 기독교 선구자 서상륜과 이수정 기념비 발기인 대회_ 231
2. 한국 기독교 선구자 서상륜과 이수정 기념비 건립예배 및 제막식_ 236
3. 기념비 건립위원 명단_ 243

1부
조선의 첫 순교자
토마스 선교사

1부 조선의 첫 순교자 토마스 선교사

1. 한문성경을 조선에 전해준 구출라프 선교사

모리슨(R. Morison)이라는 선교사가 있었다. 스코틀랜드 출신으로, 하나님의 특별한 명령을 받고 1807년 런던선교회에 소속되어 목표지인 중국에 도착하여 개신교의 선교사 중 선두주자가 되었다. 중국에서 활동했던 그는 한문을 익힌 후 중국어 성경을 발행하였다. 후에 몇 차례 수정을 한 그 성경을 품에 안고 구출라프(K. F. A. Gutzlaff) 선교사가 1832년 2월 산동성에서 바라보이는 황해도 장산곶 근해와 백령도 중화동에 정박하면서 그 지역 주민들에게 성경을 건네며 복음을 전했다고 한다.

그는 폴란드계 유태인으로 국적은 독일이었으나 네덜란드선교회의 파송을 받고 1826년 당시 네덜란드 영토인 자바에 도착하였다. 그곳에서 얼마 동안 머물면서 중국어를 배웠으며, 어느 정도 중국어로 의사소통이 가능하도록 훈련을 받았다. 1831년도에는 중국인 통역관을 대동하고 중국 남단 해남도(海南島)를 거쳐 하문(廈門), 대만(臺灣), 다시 해안선을 따라 산동성, 만주까지 다니면서 전도여행을 실시하였다.

1816년 한때 영국 상선 암허스트의 선장 린제이가 백령도에 머물렀던 일이 있었다. 이러한 관계로 구츨라프가 이곳에 민간인이 살고 있음을 알았기에 상륙 했던 것이다. 그는 다시 1832년 7월에 중국인을 대동하고 서해안에 있는 고대도에 정박한 뒤 홍주성 원님을 만나 그에게 약품과 성경을 전해 주었다. 이때 원님은 약품은 받고 성경은 금서(禁書)로 되어있기에 돌려주었다. 그 때 구츨라프 선교사가 말했다.

"여기 조선 사람에게 좋은 양식이 될 수 있는 감자를 선물로 드리겠습니다."

원님이 이 말에 감동을 받고 감자를 받자, 선교사는 감자 심는 법을 가르쳐 주었다. 이렇게 해서 구츨라프 선교사는 우리나라에 최초로 감자를 전해준 사람이 되었고, 이렇게 들어온 감자는 조선인에게는 큰 양식이 되었다. 또 구츨라프는 양씨(梁氏)라는 노인을 만나 주기도문을 조선말로 번역하게 하여 최초로 주기도문을 조선 땅에 전해 주기도 하였다. 백령도에 약 1개월간 머물렀던 구츨라프 선교사는 남쪽으로 기선을 돌려 남방에 있는 유규열도에 정박을 하고 유규열도어로 성경을 번역하였다.

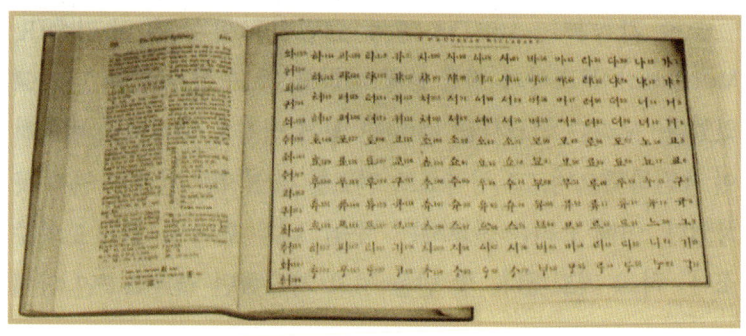

| 주기도문 번역이 실린 구츨라프 선교사의 잡지

구출라프 선교사가 다녀갔던 백령도 중화동에는 〈백령기독교역사관〉이 있으며, 그 역사관에는 구출라프 선교사가 상륙했다는 사실을 증명하는 기념품들이 역사적으로 잘 정리가 되어있다. 고대도에도 그가 상륙했던 그 자리에 〈구출라프기념교회당〉을 잘 신축해 놓았다. 요즘도 많은 관광객이 그곳을 찾고 있다.

| 서천 고대도에 상륙했던 구출라프 선교사

| 구출라프 선교사 기념교회

2. 인생의 첫 슬픔을 만난 토마스 선교사

토마스 선교사는 1839년 9월 영국 웨일즈 렉섬에 있는 회중교회인 하노바 교회에서 목사의 아들로 태어나 아버지 밑에서 신앙을 키워나가면서 아버지의 사역 중 일부를 담당하겠다는 의욕을 갖고 신학교육을 받은 후 목사 안수를 받았다. 그의 열정은 목사 안수로 끝나지 않았으니 수많은 중국인들이 자신을 부르고 있다고 하는 그 사명 하나로 결혼하자마자 신혼의 달콤한 꿈도 뒤로 밀어놓은 채 부인과 함께 중국 대륙 선교를 위해 떠나게 되었다. 오문환은『도마스 목사전(牧師傳)』에서 이렇게 말하고 있다.

> 23세의 눈물 많은 청년으로서 부모의 눈으로부터 떨어지는 눈물과 점점 희미해지는 고국 강산의 자태를 바라볼 때에 어찌 마음 가운데 슬픔의 감회가 일어나지 않았으랴마는, 이 몸은 부모에게서 얻은 것보다 하나님께서 나를 당신의 사업을 위하여 내셨고, 내가 살고 있는 이 땅보다는 장차 우리가 기업으로 얻을 그 나라가 평안하고 더욱 아름답다는 상상을 할 때, 어느덧 그의 마음은 독려되어 기쁨의 화기가 그의 두 뺨을 둘렀을 것이다.

토마스 선교사는 자신이 죽어야 선교가 이루어진다는 확신을 갖고 가족들과 선교회 회원들의 전송을 받으면서 영국을 떠나는 폴레이스 호에 몸을 싣고 4개월 반의 항해 끝에 1863년 12월 첫 주 중국 상해에 도착하였다. 동승한 선교사들은 상해의 변화한 모습을 보고 스스로 감탄할 정도였다. 상해는 13세기 중엽부터 무역항이 형성되었으며, 19세기 중반

서구 열강들의 힘에 의해 개항하면서 급속히 발전하는 도시였다.

돌이켜 보면 1842년의 중국은 아편으로 병들어 가고 있었다. 중국에 아편 시장을 확보해야 한다는 영국과 이를 저지하는 중국 사이에서 결국 그 무서운 전쟁이 중국 땅에서 일어났었다. 아편전쟁의 결과 중국이 패하고 영국이 승리함으로 소위 남경조약(南京條約)에 의해 상해가 개항장으로 문을 열게 되었다. 문이 열리자 영국, 프랑스, 스페인, 미국 등 그 지역을 점유하였던 열강들은 상해를 특정지역으로 분할하여 그 지역 안에서 면책과 특권을 인정받아 왔다.

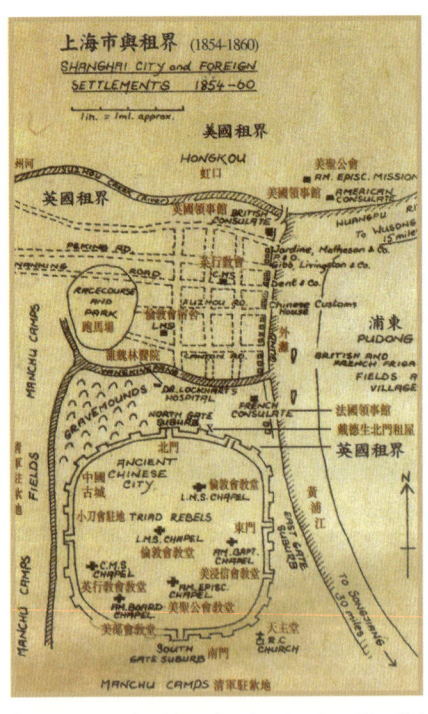

상해에 있는 외국인 조차지(토마스 선교사는 영국조차지 내에 주거지를 마련)

상해에 도착한 토마스 선교사 부부는 런던선교회 상해 지부장인 뮤어헤드 선교사의 환영을 받으면서 미리 준비해 놓은 주택으로 짐을 옮겼다. 토마스 선교사 가족의 부임은 중국주재 런던선교사들에게는 큰 힘이 되었다. 먼저 도착한 몇 가정의 동료들의 환영은 토마스 선교사에게 평생을 두고 잊을 수 없을 만큼 인상적이었다.

그러나 토마스 선교사는 선교를 목적으로 했기에 우

선 그 어려운 상해 방언과 북경 방언을 배워야 했다. 원래 중국은 너무나 광활하기 때문에 언어가 통일되지 않고 각기 그 지역 방언을 할 수 있어야 선교할 수 있는 땅이었다. 토마스 선교사는 자신의 가정으로 편지를 보냈는데 『토마스 목사전』을 펴냈던 유해석 목사가 소개하는 내용은 다음과 같다.

> 우리는 아침에 일어나면 우선 기도하고 7시부터 30분간 중국 조랑말 타는 연습을 하고 있습니다. 아침 8시가 지나면 아침을 먹고 8시부터 12시까지는 상해 방언을 배우고 있습니다. 그 뒤 30분간을 대화를 나누면서 점심 식사를 하고 있으며, 오후 3시부터 5시까지는 북경 방언을 배웁니다. 오후 6시에는 저녁식사를 하고 7시부터 10시까지 일주일에 두 차례씩 선교회의 모임에 참석을 하고 그 외의 시간은 책을 읽으면서 지식을 축적하였습니다. 매주 목요일 밤에는 중국어로 설교를 담당하였습니다.

토마스 선교사는 1864년 3월 선교여행 계획대로 한구(漢口)를 향해 떠났다. 그는 가는 곳마다 서툰 상해 방언으로 전도를 하였으며, 이미 자리를 잡고 있던 선교사의 구역에 있는 교회에서도 설교를 하고 있었다. 그런데 뜻하지 않은 소식을 듣고 그만 큰 충격에 한동안 먼 하늘만 쳐다보고 있었다. 임신 중인 부인이 결국 유산을 하고 말았으며, 그 유산의 후유증으로 혼수상태에 빠지고 말았다는 것이다. 그 시각 상해에서 병원을 개업하고 있는 헨더슨 박사는 정성을 다해 진료를 하다가 그가 이미 혼수상태에 빠져있는 상태에서도 남편 토마스 선교사를 위해서 기도하는 그 모습을 보고 놀라고 말았다.

"주님, 토마스 선교사는 나에게 고귀한 분입니다."

그는 이 말을 남기고 새벽 1시에 주님의 품안으로 훨훨 날아가 버렸다. 29세의 꽃다운 나이에 채 피어보지도 못하고 이국 땅 상해에서 삶을 마감하고 만 것이다. 급보를 받고 한구에서 열심히 달려왔지만 끝내 임종도 못 보고 아내를 떠나보낸 토마스 선교사는 너무나 큰 충격에 빠졌다. 『토마스 목사전』을 펴냈던 유해석 목사는 이 일을 다음과 같이 정리해 놓았다.

토마스는 통곡하였다. 그는 자제력이 뛰어난 사람이었다. 그러나 사랑하는 아내의 죽음 앞에서는 자기의 감정을 억제할 길이 없었다. 그는 감당하기 어려운 슬픔에 짓눌려 말을 잃었다. 고집스럽게 흔들리지 않던 진리에 대한 확신과 세상에 대한 호의가 그 순간만은 뒤집어지고 있었다. 잘 다녀오라고 배웅 나왔던 문턱은 여전하고 태어날 아기를 위해 지어 놓은 옷가지며 가제도구들은 그대로인데, 연인으로, 누이로, 벗으로, 동역자로 의지하고 사랑하던 여인만이 그 존재를 달리하고 있었다. 남기는 말조차 듣지 못하고 반려를 잃은 그의 가슴 속에는 찢어질 듯한 고통만이 가득할 뿐이었다.

부인을 먼저 하늘나라로 보내야 했던 토마스 선교사의 마음은 그 누구도 이해하지 못했다. 그는 얼마동안 정신 나간 사람처럼 상해의 거리를 혼자서 방황하였다. 그러는 중 어느 날 꿈처럼 부인의 음성을 들었다.

(여보, 나 먼저 이곳에 와서 자리를 잡고 있잖아요)

'옳지, 더 열심히 살다가 부인을 만나러 가자' 토마스 선교사는 상해를 떠나기로 결심하였다. 그는 직업을 갖고 주의 일을 하면 되겠다는 생각을 갖고 무역항으로 유명한 산동성에 위치하고 있는 치푸(현, 연태-燕苔로 표기)로 떠나기로 하였다.

3. 황해도 백령도에 머문 토마스 선교사

중국 산동성 연태에 도착한 토마스는 세관 통역관으로 취직 했다. 그는 어학에 뛰어난 사람이었으므로 북경 방언 또는 상해 방언을 자유롭게 구사할 수 있어서 통역하는 일에는 별 어려움이 없었다. 여기에 주일이 되면 중국인교회에서도 설교를 부탁받고 설교를하였으며, 또 영국인교회에서도 설교를 하였다. 이러한 관계로 늘 성경책을 두 권 배치해 놓고 수시로 중국어성경과 영어성경을 읽으면서 하루의 생활을 기쁜 마음으로 즐기게 되었다. 그런데 어느 날 뜻하지 않게 조선에서 은밀하게 건너온 상인을 만나게 되었다. 그 상인과 동행인이 식사하는 모습을 보고 가까이 가서 한문으로 서로 필담을 나누기 시작했다.
"혹시 천주교 신자가 아닙니까."
"네, 저는 조선에서 천주님을 믿는 천주교 신자입니다. 제 이름은 김자평(金子平)이고 이분은 김효순(金孝淳)이라고 합니다."
이렇게 해서 조선의 상인하고 깊은 대화를 나누게 되었는데, 그들이 갖고 있는 천주교회에 관한 것은 묵주와 기도서뿐이었다. 토마스 선교사는 통역하는 일을 하면서도 늘 중국어 성경책을 가방에 넣고 다녔다. 그는 성경책을 조선 상인들에게 보여 주었다.

"이 책이 바로 성경책입니다."

말로만 들었던 성경책이라는 말에 조선 사람들은 깜짝 놀라면서 그 책을 펴 보았다. 그러면서 조선에 천주교가 일찍이 들어왔지만 조정에서 감시가 심해 마음 놓고 신앙생활을 하지 못하고 있다는 사실을 알려 주었다. 그러나 성경책을 보는 순간 갖고 싶은 마음이 강하게 일어나자 한문으로 된 성경을 달라고 부탁하였다. 토마스 선교사는 즉시 이들을 연태에 주재하고 있는 스코틀랜드 성서공회 사무실로 안내하고 스코틀랜드 성서공회 총무인 윌리엄슨(A. Williamson)을 소개해 주었다. 이들이 '조선에 천주교 신자가 수만 명이나 있으며, 프랑스 선교사 11명이 비밀리에 선교활동을 하고 있다'는 말을 하는 동안, 토마스 선교사

| 토마스 선교사가 상륙했던 백령도 항구

는 두 손을 꼭 붙잡고 이들의 얼굴을 응시하고 있었다.

"조선에는 교회당이 없고 가정에서 미사를 드리고 있으며, 성도들은 천주교회에 관한 서적을 돌려가면서 읽고 있습니다."

이 말을 듣고 있던 토마스 선교사는 속으로 생각했다. '주님의 은혜입니다. 주여, 나를 불쌍히 여겨 주소서' 말이 끝나자 얼마동안 사무실은 침묵이 지나가고 있었다. 다시 고개를 든 토마스 선교사는 조용히 입을 열었다.

"윌리엄슨 총무님, 제가 조선에 가서 이 성경책을 전하면서 선교를 하겠습니다."

이 말을 끝내자마자 선교사는 조선인 손을 꼭 붙잡고 "조선어를 가르쳐 달라."고 부탁하여 조선인의 숙소에 가서 얼마동안 조선어를 열심히 배웠다. 그리고 하나님의 축복으로 알고 스코틀랜드 성서공회로

| 백령도 북쪽에서 바라보면 북한땅 황해도 장산곶이 아물아물하게 보인다.

부터 많은 성경책을 기증받아 김자평의 안내를 받으면서 1865년 9월 4일 연태를 떠나 3일간의 항해를 마친 후 조선 땅 백령도에 도착하였다. 그래서 한국교회사에는 조선에 최초로 복음을 전하기 위해서 상륙한 선교사가 토마스 선교사라 명시하고 있는 것이다. 그가 뿌려 놓은 씨앗으로 현재 백령도는 개신교회 12곳이 자리를 잡고 있으며, 기독교 인구가 전체의 85%나 되는 전국 최다의 기독교인 밀집 지역으로 소문 나 있다.

이처럼 조선 땅 황해도에 속한 백령도에서 성경책과 기독교 서적을 가지고 복음을 전했던 토마스 선교사는 자신감을 갖게 되었다. 그는 다시 조선에 가겠다고 하나님과 약속하고 백령도를 떠나 북경으로 향했다. 북경에는 1784년 이승훈이 세례를 받았던 북경 천주당(天主堂)이 자리잡고 있었는데 그곳에 가서 잠시 조선 천주교에 대해서 이야기를 전하였으며, 그 후 곧바로 런던선교회의 중국 본부로 가서 런던선교회 소속 선교사들을 만나 백령도에 일어난 사건에 대해서 보고를 하였다. 그의 보고를 받았던 런던선교회 북경 사무소에서는 이를 좋은 기회라고 생각하여 토마스를 런던선교회 소속 선교사로 재임명하고 그에게 조선 선교에 대한 사명을 맡기게 되었다. 북경에서 런던선교회 후원자들에게 보낸 「선교회 회보」(1866년 7월호)에는 다음과 같은 내용이 소개되었다.

> 우리의 형제 토마스 선교사는 북경에 무사히 도착하여 이사회의 환영을 받았습니다. 그는 윌리엄슨과 연계하여 조선 서해안에 성경을 나누어 주기로 결심하고 조선을 다녀왔습니다. 천주교 선교사들 말고는 전혀 알려져 있지

않은 나라에서 모험적인 사역을 계획하고 바다의 위험과 땅의 위험을 무릅쓰며 4개월 동안 복음을 전하고 목적지까지 안전하게 돌아온 헌신된 형제로 인하여 주님께 감사를 드립니다.

4. 대동강에서 순교한 토마스 선교사

연태에 돌아온 토마스 선교사는 윌리엄슨 총무의 협력을 얻어 조선 땅에 뿌릴 중국 성경을 준비하고 있었다. 스코틀랜드 성서공회에서 준비한 중국 성경은 모리슨 선교사가 번역했던 성경책으로 몇 차례 교정을 거쳐 1858년에 상해에서 발행한 것이었다. 조선에서 선교하겠다는 굳은 마음은 이미 하늘나라에 가 있는 부인을 향해서 몇 번이고 소리를 내었던 일이었는데, 마침내 이 약속이 현실로 다가온 것이다.

다행히 미국 상선인 제너럴 셔먼 호가 천진에서 조선에 판매할 짐을 싣고 있었다. 토마스 선교사는 다시 연태에 도착하여 윌리엄슨이 준 성경을 싣고 조선을 향해 떠날 준비를 했고, 드디어 기도했던 대로 일정이 진행되었다. 그는 런던선교회 소속이면서도 다른 한편으로는 스코틀랜드 성서공회 대리인으로 배에 오르게 되었다.

1866년 8월 9일, 우여곡절 끝에 토마스 선교사는 조선을 향해 항해하는 제너럴 셔먼 호에 탑승하여 그 어느 때보다 깊고 긴 기도를 하였다. 더욱이 그가 승선했던 배는 해군이 사용했던 배라 만일의 사태가 일어날 경우 그 일을 대비하기 위해서 중무장 상태에 있었다. 제너럴

┃ 산동성 연태항과 앞바다

┃ 산동성 연태항 앞바다에 떠오르는 태양

셔먼 호가 처음으로 닻을 내린 곳은 조선 땅 백령도 두문진이었다.

사실 1년 전에 백령도를 다녀갔던 토마스 선교사는 하선하자마자 그를 이미 알고 있던 관리들과 쉽게 만날 수 있었다. 바로 뒤를 이어 다른 승무원들도 하선하고 여기저기 구경을 다녔다. 그러다 모두들 다시 승선하여 황해도를 거쳐 목적지인 평안도 수도인 평양을 향해 가고 있었다.

때마침 평양에는 많은 비가 내려 갑자기 대동강 물이 차고 넘쳤는데, 배가 점점 대동강 강변을 따라 올라가자 강변에 살던 동리 아이들은 처음으로 보는 배에 놀라고 말았다. 배는 8월 20일 '장사포' 라는 작은 포구에 정박을 하게 됐다. 때마침 장사포에 5일장이 열리는 날, 어린 아이들은 물론 어른에 이르기까지 많은 사람들이 배를 구경하고 있었다. 이때 '홍신길' 이라는 어린아이가 다른 친구와 함께 상선을 구경하였으며, 그를 본 토마스 선교사는 성경과 다른 선물을 손에 들려 보내주었다. 이러한 광경은 대동강에 들어갈 때까지 계속 이어졌으며, 드디어 대동강에 닻을 내리고 정박하고 있을 때 관리들이 배에 승선하여 평양에 온 이유를 물었다.

"네, 우리는 무역을 위해서 이곳에 왔습니다. 여기 조선에서 볼 수 없는 비단, 유리 망원경, 자명종 등을 가져왔습니다. 우리는 이 물건을 팔아 조선에서 생산되는 쌀, 인삼, 종이, 호랑이 가죽과 교환을 하려고 합니다."

토마스 선교사가 승선했던 상선은 대동강물이 불어나자 만경대 근방 작은 섬 두로도에 닻을 내렸다. 토마스 선교사는 "기회는 이때라." 하고 바로 내려서 성경책 100여 권을 사람들에게 나누어 주었다. 그런데 토마스 선교사의 행동을 이상히 여겼던 평양 관리들이 곧 평안도 감사 박규수에게 보고를 하였다. 이때 박규수는 제너럴 셔먼 호가 대동강 깊숙이 진입한 것이 상선으로서가 아니고 조선을 침략하러 온 줄 알고 곧 병력을 동원하여 상선을 공격하기 시작하였다.

상선의 사람들은 깜짝 놀라서 부랴부랴 상선을 회선하려고 하였지만 그만 강물이 많이 빠져 나가는 바람에 모래 위에서 발이 묶이고 말았다. 이 긴박한 순간 감사는 곧 서울에 있는 왕궁에 보고를 하였다. 그리고 조정은 상선을 공격하라는 명령을 하달하였다. 결국 평양에 있는 관리들은 솔가지와 나무를 갖다 놓고 제너럴 셔먼 호에 불을 지르고 말았다. 이로 인해 토마스 선교사는 평양성을 바라보면서 1866년 9월 5일 대동강가에서 한국기독교역사(韓國基督敎歷史) 중 최초의 순교자(殉敎者)로 남게 되었다. 그는 평양 병사들에게 끌려 나와서도 자신의 목을 치는 병사에게 성경을 전해 주면서 몇 번이고 야소(耶蘇), 야소, 야소를 외쳤다고 한다.

"당신 야소 믿고 천국에 가세요."

이처럼 토마스 선교사는 주님이 자신을 죽인 사람들을 향해서 말한 것처럼 "저들의 죄를 사하여 주옵소서."라고 연방 외치고 있었다. 그의 외침은 조선인을 얼마나 사랑했는가를 단적으로 표현한 말이었다. 이때 토마스 선교사가 뿌린 성경을 11살의 어린 소년 최치량이 주워갔었으며, 당시 평양 성 관리였던 박영식은 사람들이 버린 성경을 모아 자신의 집 벽지로 사용하였다. 성경으로 잘 도배되었던 박영식의 집은 깨끗한 집으로 소문이 났었다. 먼 훗날 최치량은 여관업을 하기 위해서 집을 찾던 중 박영식의 집을 매입하였다. 하도 깨끗하게 잘 정돈된 집이어서 최치량은 손질을 하지 않고 그대로 그 집에 '널다리 여관' 이란 간판을 내걸고 영업을 하였다.

한편 미국 북장로교의 선교사로 파송을 받았던 마펫(S. A. Moffet, 마포삼열) 선교사는 한석진 조사를 대동하고 1890년 평양을 방문하게 됐다. 이때 한석진은 문을 연 지 얼마 안 된 널다리 여관으로 선교사를 안내하였다가 잘 정돈된 방에 성경으로 된 벽지를 보고 그만 놀라고 말았다.

"선교사님, 이 벽에 있는 모든 글씨는 성경 구절입니다. 주인이 성경책을 낱장으로 나누어 벽을 발라 놓았습니다."

"아니, 이 종이에 있는 글씨가 모두 성경이란 말입니까?"

"네, 맞습니다. 제가 어렸을 때에 들은 이야기가 생각납니다. 어느 영국 사람이 대동강에서 성경을 뿌렸다는 이야기를 들었습니다. 아마 그때 뿌렸던 성경을 갖고 벽지를 발랐나 봅니다."

"그럼 이 성경은 한자로 인쇄되었단 말입니까?"

옆에서 이 말을 듣고 있던 최치량은 몇 번이고 고개를 끄덕이면서 말했다. "제가 11세 되던 때 서양 사람이 뿌린 것을 저도 한 권 가지고 왔던 일이 있었습니다." 이 말에 놀란 한석진은 곧바로 최치량에게 "예수를 믿고 함께 교회를 개척해 가자."고 권유하였다. 이에 마펫 선교사는 그냥 지나칠 수가 없어서 약 1개월간 이 여관에 머물면서 널다리 마을에 교회를 설립하기로 결심하였다. 드디어 1894년 널다리에 장대현 교회를 설립하자 최치량은 곧바로 이 교회의 창설멤버가 되었고, 가는 곳마다 대동강가에서 서양 사람이 뿌린 성경을 가지고 오라고 했는데 많은 사람들이 성경을 가져왔다고 한다.

토마스 선교사의 순교지였던 평양은 한때 조선의 예루살렘이라고 불리기도 했다. 평양이 조선교회 부흥의 중심이 되었음은 한국교회사에서 확인할 수 있다. 이처럼 평양에서 순교했던 토마스 선교사에 대해서 오문환 장로는 『도마스 목사전(牧師傳)』이라는 최초의 문헌을 남겼다. 그는 1928년 9월 3일 토마스 선교사 순교 62회 기념일을 맞이해서 토마스 선교사 전기를 최초로 발간하였다. 오문환 장로는 평양에서 출생하여 미국 북장로교 선교사가 설립한 평양 숭실대학을 졸업하고 한때 기독교학교의 영어교사로 봉사하기도 했으며 언론인으로서도 활동하였다. 같은 언론인으로서 조선의 첫 순교자가 되었던 토마스 선교사에 대해서 그는 발로 약 600여 리나 뛰어다니며 자료를 수집하고 토마스 선교사가 뿌린 그 성경책을 받았던 200여 명을 만나기도 하였다.

| 평양에서 순교한 토마스 선교사와 그의 기념관

여기에 미국 정부가 보관하고 있는 외교문서를 비롯해서 런던대학교, 런던선교회의 기록 등을 수집하였으며, 심지어 그를 처형시키라고 명령했던 박수규 감사의 문집까지 수집하였다고 한다. 오문환의 『도마스 목사전』에서 결론 일부를 살펴보면 다음과 같다.

신기독교 조선선교에 첫 발걸음을 들여놓아 평양양란(平壤洋亂)으로 조선기독교사에 새로운 분수령을 시작한 토마스 목사는 그만 봉래도 상단에 일배토(一杯土)를 남겨두고 멀리 멀리 천국을 향하고 말았다. 금단의 이국땅에 첫 걸음을 디딜 때부터 만사를 주께 맡기고 온 몸을 주께 바쳐 참겁을 두려워하지 않는 것도 사실이려니와 신기독교의 횃불을 높이 들어 조선반도의 산하를 개척하려 한 웅대한 계획의 실현을 보지 못하고 눈을 감은 토마스 목사의 한이 얼마나 컸으랴!

결국 토마스 선교사의 순교는 헛되지 않았다. 하나님은 그의 거룩한 순교를 통하여 한반도에 복음을 전할 수 있도록 로스 선교사를 준비해 두셨던 것이다. 그의 공로로 엄청난 사건들이 중국과 조선에 벌어지고 있었다.

| 토마스 선교사가 출석한 하노바교회

2부
로스 선교사와 고려문

2부 로스 선교사와 고려문

1. 로스 선교사가 중국에 오기까지

1) 고려문은 온데간데없고

한국교회에서는 고려문(高麗門, Korean Gate)을 찾아 나선 사람들이 많았다. 그러나 이 고려문을 찾을 길이 없어서 어떤 이는 봉황성(鳳凰城)까지만 다녀왔는가 하면 또 어떤 이는 일면산(一面山, YI MIAN SHAN) 역사(驛舍)의 자리를 보고 와서 고려문 지점을 확인하고 왔다고 하기도 했다. 왜 이렇게 고려문에 대해서 관심이 많을까. 고려문은 한국 기독교역사와 깊은 관계가 있는 곳이며, 한국 근대화의 기폭제가 되었던 장소이기 때문이다. 이러한 관계로 중국 땅에 자리 잡고 있는 고려문을 찾아가는 사람들이 점점 늘어나는 추세지만 그 위치를 제대로 확인하고 온 사람들이 없었던 차에 〈한국기독교성지순례선교회〉(회장: 박경진, 전문위원장: 김수진)에서 전문위원 17명이 2005년 6월 27일부터 7월 1일까지 4박 5일 일정으로 필자의 인도로 고려문과 심양 동관한족교회 로스(J. Ross) 선교사 기념비를 찾아 나섰다.

중국 심양에 도착한 일행들은 6월 28일 새벽 5시에 기상하여 긴 시

로스 선교사

간의 이동 끝에 봉황성 시내 도로변에 붉은 벽돌로 잘 지어진 건물인 봉황성 한족교회에 십자가가 우뚝 세워져 있는 모습을 보게 되었다. 교회의 모습에 모두들 기뻐서 버스 안에서 "할렐루야"를 외쳤다. 봉황성에서 계속 서쪽으로 향하면 책문(柵門)이라는 곳이 나오는데 우리나라 국경도시인 의주(義州)로부터 약 48km(120리) 지점에 있는 지역이다. 고려문은 조선인이 중국에 들어가는 관문(關門)이기도 했으며, 이곳에 별정소(別定所)가 있어서 중국을 드나드는 조선인을 감시하기 위해서 의주에서 파견 나온 관리 몇 사람이 항시 주둔하고 있었다.

그러나 지금은 고려문의 흔적을 찾아볼 수가 없다. 이른바 중국 중앙정부에서 통제하는 동북아공정(東北亞工程) 프로젝트 때문이다. 고려문으로 인하여 훗날 한국과 국경문제로 논란을 일으킬 염려가 있어서 중국 당국에서는 1966년 이 고려문을 철폐시키고 1995년 5월, 그 자리에 변문진(邊門鎭) 비문을 세웠다. 이 비문은 높이가 1m 70cm이며, 넓이는 50cm이다. 변문진 바로 밑에는 영어로 'Blarimen Zhen'이라고 새겨져 있으며, 뒷면에는 '1995年 5月'이란 글씨가 담겨져 있다. 이 글로 보아 변문진 비문은 1995년 5월에 이곳에 세워진 듯하다.

이 변문진은 일면산(一面山) 역에서 그리 멀지 않은 곳에 있으며, 철길을 따라 북쪽으로 올라가 건널목을 건너면 바로 보이는 도로변에 자리를 잡고 있다. 그 옆에는 옛 고려문을 헐었던 돌무더기가 보기 흉하게 아무렇게나 쌓여져 있다. 변문진에서 북쪽을 보면 한족(漢族)이 자리 잡고 있는 마을이 있으며, 그 건너편에는 고려(高麗)마을이 있어서 지금도 조선족이 자리를 잡고 있다. 바로 우리 동포들이 살고 있는 곳을 고려마을이라 부른 것으로 보아 고려문에 시장이 열리게 되면 그

곳에서 상업과 농업을 겸하면서 살아왔다는 사실을 확인할 수 있었다. 그 고려문 자리에 가보았으나 고려문 대신 변문진이란 표시를 보고 왔던 우리 일행들은 못내 아쉬워했다. 그러나 그 지점을 처음 발견한 것도 대단한 것이라 흐뭇하게 생각하고 필자는 이 사실을 「국민일보」에 발표하여 모든 역사학도들로 하여금 방문할 수 있도록 하였다.

「국민일보」를 읽었던 독자들이 한국 기독교와는 밀접한 관계가 있었기에 그 곳을 찾는 사람들이 줄 잇게 되었다. 갔다 왔던 사람들이 또 고려문 자리에 변문진이란 기념비가 세워졌다는 이야기를 전하고 전해서 결국 전국 교회에 널리 알려지게 됐다. 이러한 소식을 접한 한국에서는 많은 관광객들이 이곳을 찾아 나섰으며, 직접 보고 와서는 모두들 좋아하였다. 그러나 이러한 역사적인 변문진마저 수난을 당해야 하는 우리 조국 분단의 아픔이 있으니, 그 서러움을 새삼스럽게 느끼게 되었다.

한편 그 자리에 있어야 할 변문진이 원래 있었던 자리에서 300m 떨어져 있는 쓰레기 속에 파묻혀 있던 것을 보고 연락이 왔었다. 2005년 11월경에 그곳을 찾아가 보았던 관광객이 우연히 쓰레기장에서 발견을 하고 사진 몇 장을 찍어 필자에게 보내온 것이었다. 필자는 이 일을 즉시「한국기독공보사」에 알려 기사화히 었다. 그리고 다시 중국 요령성 정부에서 변문진 기념비를 제 자리로 옮겨 세우리라고 생각하고 한 해를 넘기면서 기다려 보았다. 그러나 여전히 세웠다는 소식은 없고 그곳을 찾아간 관광객이 모두 헛걸음만 하고 돌아왔다는 것이다.

그 후 이 소식이 알려지면서 한국에서 찾아오는 관광객의 숫자가 줄어들자 그 지역 주민들은 이상하게 여겼다고 한다. 그렇다고 자신들의 손으로 그 변문진을 다시 제자리에 옮겨 놓을 수가 없어서 지역 주민들이 서명을 받아 중국 요령성 당국에 진정서를 냈다고 한다. 결국 2006년을 맞이해서는 다시 그 자리에 변문진 기념비가 세워졌다고 한다.

2) 고려문에서 조선인을 찾고 있는 어느 선교사

중국 산동성 연태에서 활동하고 있던 윌리엄슨(A. Willamson) 총무는 토마스 선교사가 평양 대동강에서 순교했다는 사실을 알고 그의 순교가 헛되지 않게 하기 위해서 그가 순교한 지 1년이 지난 1867년 9월 9일 만주 우장(牛場)에서 근거지를 두고 고려문에서 조선 사람을 상대로 선교를 시작하였다. 고려문은 조선과 청나라가 서로 문물 교환하는 장소였다.

윌리엄슨 총무는 토마스 선교사가 평양에서 순교했다는 소식을 런던선교회에도 보고하였으며, 총무 자신이 소속된 스코틀랜드 성서공회 본부에도 보고하였다. 그 보고를 받았던 스코틀랜드 성서공회에서는 토마스 선교사의 순교를 헛되이 하지 않기 위해 선교사를 모집했다. 그리고 그 자리에 로스(J. Ross) 선교사가 자원하고 나섰다.

그러면 로스 선교사는 어떤 인물이었을까?

로스는 1842년 스코틀랜드 북쪽에 위치한 인버네스에서 출생하였다. 그는 갈릭어를 사용하는 곳에서 소년 시절을 보내다 마을에 있는 초등학교에 입학하면서 비로소 영어를 처음으로 대하게 되었다. 그는 일찍이 두 언어를 사용하는 고장에서 출생하였기에 먼 훗날 중국에서 선교활동 할 때도 두 언어(중국어, 조선어)를 사용하였다. 고향이 바닷가인지라 외국 상선이 드나드는 모습을 보고 자신의 고향을 벗어나기만 하면 큰 대륙이 있을 것을 상상하면서 자랐다. 중·고등학교를 졸업한 로스는 하나님의 소명을 받고 에딘버러연합장로교신학대학교에서 5년간 신학을 공부하고 졸업을 하였다. 그리고 잠시 전도사로 사역하다가 해외 선교에 뜻을 두고 해외선교부 총무인 맥길(W. McGill) 박사를 만나 상담을 하였다.

"총무님, 중국 대륙에 가서 선교사로 활동을 하겠습니다."

맥길 박사는 로스 전도사의 뜻을 받아들였다. 로스는 곧 해외 선교부의 청빙으로 목사안수를 받고 1872년 2월 해외선교부에서 중국으로 떠나라는 전갈을 받았다. 그리고 해외 선교사로 함께 일할 동반자를 찾던 중 스튜어트(M. A. Stewart)와 결혼을 하고 신혼여행을 겸해서 중국을 찾아 나섰다.

1872년 초 가을, 로스 선교사 부부는 영국을 떠나 캐나다를 거쳐 밴쿠버에서 일본 고베 항으로 가는 배에 승선하였다. 잠시 고베에 머물면서 몇몇 선교사들의 초청을 받고 일본 선교에 대한 이야기로 몇 날을 보낸 뒤, 다시 고베에서 상해로 가는 배에 승선하여 드디어 그 넓은 중국 대륙에서 선교활동을 하게 된다는 설렘을 가슴에 안고 상해에 도착하였다. 그리고 이들 부부는 그 해 9월에 스코틀랜드 성서공회가 있는 연태에서 총무 윌리엄슨의 영접을 받으면서 그가 마련해 준 숙수에서 머물게 되었다.

"로스 선교사님, 우리는 하나님의 병사로서 조선 땅에서 순교한 토마스 선교사를 잊을 수가 없습니다."

"네, 이미 맥길 선교부 총무로부터 자세한 이야기를 들었습니다."

이들은 1개월간 연태에 머물면서 중국의 문화와 역사, 조선의 문화와 역사를 잘 터득하게 되었다. 이미 로스 선교사는 스코틀랜드에서 중국어를 배웠기에 어느 정도 중국인과 대화하는 일에는 별 부담이 없었다. 드디어 1872년 9월 중순에 요령성에 있는 우장에 안착을 하고 이미 자리 잡고 있는 아일랜드 선교사들의 도움을 받으면서 우장 옆에 있는 영구(塋口)에서 새 시대를 열어가게 되었다.

사실 로스 선교사는 뜻하지 않게 추운 겨울을 만나자 임신한 부인이 걱정이었다. 긴 여행 때문에 몸이 몹시 지쳐 있어서 혹독한 추위에서 출산하는 일에 보통 걱정이 아니었다. 다행히 아일랜드 선교부에서 운영하는 병원에 입원하여 드디어 아들을 낳았다. 그러나 부인의 건강이 갑자기 악화되면서 모든 선교사들이 놀라고 말았다.

"로스 선교사님, 소생할 가망이 없습니다."

이 말에 충격을 받은 로스 선교사는 부인 곁에 무릎을 꿇고 열심히 기도를 했지만 하나님은 끝내 그녀의 생명을 거두어가고 말았다. 로스 선교사의 충격은 너무나 컸다. 그러나 모든 일을 주님의 뜻에 따르기로 하고 동료 선교사들의 협력을 얻어 1873년 3월 시신을 선교사들이 묻혀 있는 동산에 안장하였다. 그리고 갓난아이는 중국 여인에게 맡기고 선교여행을 떠나게 되었다. 선교에 자신감을 가졌던 그는 자신이 부인의 몫까지 맡아야 한다면서 남다르게 열심히 선교를 하였다.

로스 선교사는 조선 사람들에게 선교하는 일을 가장 시급하게 생각했다. 토마스 선교사의 사역을 계승하는 일은 바로 조선인을 상대로 하는 선교였다. 조선 사람들은 고려문에 와서 자신의 나라에서 가지고 온 인삼과 중국의 비단을 맞교환했는데 그 곳은 세관까지 자리 잡은 작은 마을이었다. 이러한 사실을 뒤늦게 알았던 로스 선교사는 조선인을 상대로 선교를 하려면 조선어 어학교사가 필요하다고 느꼈다.

"여기 조선 사람들이 많이 드나드는 곳이라고 하는데 저에게 조선어를 가르쳐 줄 교사를 소개해 주면 후히 대접하겠습니다."

이러한 말을 들었던 중국인들은 조선에서 온 여러 사람들을 만나보았지만 다들 한문 실력이 약하여 마땅한 사람을 찾기 어려웠다. 그러나 낙심하지 않고 조선인에게 선교할 열정을 버리지 않았던 로스 선교사는 뜻하지 않게 한 조선 청년을 만나게 되었다.

3) 기독교로 개종한 의주 청년들

의주 청년 이응찬은 고려문을 드나들면서 한약 장사를 하는 노련한 젊은 실업가로, 중국어도 잘하는 조선의 인재였다. 이 고려문은 1년에 4번씩 교역이 형성되는데 봄은 3, 4월, 가을은 음력 8월에 3주간, 9월에 약 6주간, 마지막 섣달에 1개월간 문을 열었다. 이러한 사실을 알았던 로스 선교사는 1876년 4월과 5월초에 2회에 걸쳐서 고려문을 방문하였다. 이때 뜻하지 않게 중국인이 소개해준 이응찬을 만나게 되었던 것이다. 이응찬은 중국 고려문에서 중국인을 만났는데 난데없이 그 사람을 통해 로스 선교사의 어학교사로 부탁을 받았다.

그러면 어떻게 이응찬이 중국인을 만나게 되었을까? 이 일은 하나님의 섭리가 아니고는 있을 수 없는 사건이었다. 이응찬은 1876년 4월초에 의주에서 짐을 가득 싣고 단동을 거쳐 고려문까지 가려고 압록강을 건너고 있었다. 의주를 출발한 지 얼마 안 되어 단동에 도착하려고 하는데 난데없이 심한 풍랑을 만나게 되었다. 있는 힘을 다해 단동에 도착하려고 하였지만 배가 파선되자 할 수 없이 자신의 몸만 간신히 압록강에서 헤엄쳐 나올 수 있었다. 그 때 그를 보았던 어느 중국인이 안내하여 단동여관에 쉬도록 주선을 하였다. 이들은 중국말로 대화를 나누었다.

"정말로 감사합니다. 당신이 아니었으면 나는 아마 중국 땅에서 거지가 되었을 것입니다. 아저씨, 참으로 감사합니다."

"이씨 젊은 청년, 이 장사를 그만두고 키가 크고 아주 잘생긴 서양 신사가 있는데 그분의 어학 선생을 하면 어떻겠습니까."

"그렇습니까? 그 뜻은 알겠는데 며칠 생각해 보고 말씀을 드리겠습니다."

이러한 대화를 나누었던 이응찬은 혼자서 곰곰이 생각해 보았다. 이 일이 장차 내게 어떠한 영향이 있을까. 혼자서 자문자답하다가 결국 중국인의 부탁을 들어주는 쪽으로 가닥을 잡아갔다. 이러한 결정을 곧 중국인에게 알리자 이 중국인은 로스 선교사에게 급히 연락하여 서로 만날 수 있는 길을 마련하였다. 이때 이응찬은 자신 있게 말할 수 있는 중국어로 인사말을 하였다. 역시 로스 선교사도 중국어가 가능하여 서로 대화가 형성되었다.

"그럼 내일부터 우리 사무실에 와서 함께 일을 합시다. 저는 조선어를 배워서 조선어로 성경을 번역하고 조선에 선교를 해야 할 책임을 맡고 있습니다."

"네, 잘 알았습니다."

"그럼 지금 당장 집을 마련해 줄 테니 그곳에서 저에게 조선어를 가르쳐 주시기 바랍니다."

이렇게 해서 이응찬은 매일같이 로스 선교사의 사무실로 출근을 하였다. 로스 선교사는 이응찬의 협력으로 외국인이 조선어를 쉽게 배울 수 있는 교재를 준비하던 중 1877년 『조선어 교재-Corean Primer』를 발간하였다. 좋은 사전이 발간되어 로스 선교사는 기뻐서 어찌할 바를 몰랐다. 그러나 한 가지 흠은 이응찬이 평안도 의주 청년이었기에 자연히 평안도 사투리가 아주 많이 등장한다는 것이었다. 어쨌든 이를 기반으로 해서 1년 후인 1878년 봄에 요한복음과 누가복음을 번역하려는 또 다른 준비가 시작되었다. 로스 선교사는 조선인에게 선교할 수 있는 좋은 기회가 왔다고 생각하고 몇 번이고 하나님께 감사의 기도를 드렸다.

이응찬은 로스 선교사로부터 인정을 받고 1877년 다시 조선어로 성경을 번역할 준비를 하고 있었다. 이 무렵 그는 고향에 두고 온 부모와 형제들, 친구들이 보고 싶은 생각이 일어나자 로스 선교사에게 그 사실을 알리고 잠시 고향을 방문하게 되었다. 이때 고향에 있는 부모와 형제들, 여기에 이미 고려문을 드나들던 많은 사람들에게 자신의 소식을 알리고 또한 소식을 전해 받기도 하였다. 그런데 오랜만에 만난 친구들은 그동안 중국에서 활동했던 이야기를 몹시 궁금해했다.

"홍준아, 너는 이미 너희 아버지를 통해서 고려문에서 만났던 선교사들의 이야기를 들은 적 있었지?"

"그러게, 들었는데 선교사들의 생활하는 것을 보고 놀랐다고 이야기하더라."

"나는 중국인의 소개로 처음 로스 선교사를 만났는데 너무나 친절하게 대해줘서 놀랐었어."

"너희들, 의주에서만 활동하지 말고 그 넓은 중국 대륙에 가서 한번 여행해보는 게 어때? 내가 길을 안내할게. 아름다운 고려문과 그 주위에 우리 동포들이 많이 살고 있거든."

이응찬은 로스 선교사와 같은 선교부에서 사역하는 맥킨타이어(J. MacInyre) 선교사 집에 머물면서 아침마다 기도회에 참석했다. 사람들은 그가 조선에 빨리 복음이 들어가 자유롭게 기독교 문화가 뿌리내리기를 기도하는 것에 놀란 일이 한두 번이 아니었다. 이러한 일에 자극을 받고 함께 있었던 백홍준, 이성하, 김진기는 앞 다투어 얘기하기 시작하였다.

"이번에 응찬이 너 중국 갈 때 우리 함께 가서 그 선교사를 한번 만날 수 있도록 길을 열어줄래?"

"야, 그런 일은 걱정 안 해도 돼. 무조건 나를 믿고 한번 가보자."

이렇게 해서 이들의 대화는 시간 가는 줄 모르게 이어져 갔다. 이응찬은 좋은 기회라고 생각하고 "로스 선교사와 맥킨타이어 선교사를 만나 함께 그분들의 이야기를 들어보자."고 권유했다. 여기에 동의했던 그의 친구들은 의주를 출발해서 단동으로 가는 배를 이용하였다. 마침 고려문의 장이 서는 날이어서 그 곳까지 가는 일은 그렇게 어렵지 않았다. 이어서 고려문을 지나 스코틀랜드 로스 선교사와 맥킨타이어 선교사가 머물고 있는 영구까지 가게 되었다. 이때 로스 선교사는 선교협의차 중국 연태에 잠시 출장 중이었다. 그래서 이응찬은 맥킨타이어 선교사 집을 노크하게 되었다.

"선교사님, 저 이응찬입니다. 하나님의 은혜로 잘 다녀왔으며, 제가 선교사님을 소개했더니 한번 만나보고 싶다고 해서 친구들하고 이렇게 함께 왔습니다."

"어서들 들어오세요, 오시느라고 얼마나 고생을 많이 했습니까."

"선교사님, 이들 세 친구는 동네에서 함께 자랐던 친구들입니다. 제가 선교사님의 이야기를 했더니 너무 좋아하고, 거기에 중국 성경을 자랑했더니 그렇게 좋아할 수가 없었습니다."

역시 이응찬이 말한 대로 아침이 되자 가정 예배를 드리게 되었다. 이미 맥킨타이어 선교사는 이응찬에게 조선말을 배웠기에 아주 유창하게 조선어를 할 수 있었다. 이때 이응찬은 중국어 성경을 내놓고 함께 가정예배를 드렸다. 친구들은 예배를 드리는 그 모습에 감동이 되어 스스로 신앙을 고백하게 되었다. 이응찬은 친구들에게 한자로 된 교리 문답서를 배포해 주고 세례 받을 준비를 했다. 이때 조선의 의주 청년 4명은 한결같이 성경에 대한 내용을 자세하게 대답할 수 있을 정도의 실력을 갖추고 있었다.

맥킨타이어 선교사는 자신의 집에서 이응찬, 백홍준, 이성하, 김진기 등 4명을 성경에 대한 문답과 세례문답에 합격시켜 세례를 주게 되었다. 이들 4명은 1878년 한국 기독교역사에 영원히 기록에 남을 만한 기적으로, 이국땅 중국에서 최초의 '조선 신앙공동체'를 형성하게 됐다.

당시 조선은 철저한 쇄국 정책으로 문이 굳게 닫혀 있었다. 그러나 세계정세에 눈이 밝았던 로스 선교사는 머지않아 조선에 문이 열려 선교의 자유가 올 것을 믿고 스코틀랜드 성서공회의 지원을 받아 성경번역 사업에 총력을 쏟았다. 우선 로스 선교사는 1875년에 『예수성교문답』과 『예수성교요령』이라는 전도 문서를 한글로 번역하여 발행하려고 준비하고 있었다. 이러한 책이 출간되면 조선에도 쉽게 전도할 수 있고 만주에 살고 있는 조선인들에게도 전도가 쉽게 이루어져 큰 도움이 될 것을 믿고 있었다.

▲ 스코틀랜드의 에딘버러 성곽외부

◀ 에딘버러에서 로스 선교사의 고향인 하이랜드를 향해가는 길목

▼ 우측상단 제일 높은 건물 두개로 뾰쪽 솟은 뉴칼리지(로스 선교사의 모교) 건물

▲ 요령성에 있는 봉황산

요령성에 있는 봉황산 산성 표석 ▶

▼ 고려문 근방에 있는 일면산역 전경

제2부 | 로스 선교사와 고려문

▼ 고려문 인근에 있는 고려마을

▲ 기차가 드나드는 일면산역

제2부 | 로스 선교사와 고려문 55

▲ 중국 요령성 봉황성 근방에 위치한 고려문
이 문은 동북공정정책에 의해 문화혁명때 철거되었다.

▲ 중국 문화혁명때 헐었던 고려문 자리에 1995년 변문진비를 세웠지만 2006년에 이 비문도 철거해 버렸다.

▲ 로스 선교사 가족 일동

2. 서상륜, 고려문에서 예수를 영접하다

1) 성경번역과 출판

이 무렵 뜻하지 않게 서상륜과 서경조 형제가 홍삼 장사 차 영구에 왔다가 이응찬의 소개로 어느 여관에서 한방에 묵게 되었다. 그런데 그만 서상륜이 복통에 걸려 사경을 해매고 있었다.

"아이고 경조야 죽겠다. 바늘로 엄지손가락 손톱 등을 빨리 따 봐."

"형님, 조금만 참으세요, 이웃에 있는 가게에 가서 빌려 오겠습니다."

"아저씨, 조선에서 온 청년인데 제 형님이 지금 갑자기 배가 아프다며 쓰러지고 말았습니다."

"그래요? 여기 가까운 지역에 선교사가 운영하는 병원이 있습니다."

중국인의 안내를 받고 잉글랜드 선교부에서 운영하는 병원에서 헌트(J. M. Hunter) 의료 선교사의 정성어린 진료를 받자 서상륜의 병은 감쪽같이 나았다. 이때 서상륜은 헌트 의료 선교사의 도움으로 스코틀랜드에서 온 맥킨타이어 선교사를 소개받았다.

"저는 헌트 선교사와 같이 야소교(耶蘇敎)를 전하기 위해서 아주 먼 나라에서 왔습니다. 헌트 선교사는 의사이며, 저는 야소(耶蘇)를 전하기 위해서 전도자로 왔습니다." 다시 맥킨타이어 선교사는 지난번 의주 청년 4명에게 역사적인 일을 했던 관계도 있고 갑자기 약속된 순례 전도를 나가야 하기 때문에 로스 선교사를 소개해주었다. 로스 선교사는 서상륜을 만나는 순간 좋은 일꾼을 조선에서 보내주었다고 생각했다. 서상륜은 얼마동안 로스 선교사의 집에 거하게 되었다.

이미 로스 선교사는 서상륜의 어학 실력을 확인한 차였다. 그들은

1878년 함께 심양을 향해서 떠났다. 심양에 자리를 잡았던 로스 선교사는 서상륜과 서툰 조선어로 의사소통하면서 날이 갈수록 조선에 대한 지식이 늘어갔다. 서상륜 또한 이미 이응찬을 통하여 한자로 된 『예수성교문답』, 『예수성교요령』을 받고 시간이 있을 때마다 열심히 읽으면서 기독교 신앙에 대해서 많은 것을 알게 되었다. 서상륜의 열심에 놀

| 로스의 『조선史』 중 풍습삽화
merchant & wife(상인과 그의 아내), children & house(아이들과 집)

| 로스의 『조선史』 중 풍습삽화
privy counsellor & wife(고려관과 그의 아내), king & queen(왕과 왕비)

란 로스 선교사는 좋은 협력자라는 사실을 안 후 그의 도움을 받아 성서번역에 힘을 기울이고 있었다. 그리고 서상륜의 믿음을 보고 세례를 받기 전에 몇 가지 문답을 실시하였다. 사실 서상륜은 이응찬을 통해서 한자로 된 신앙서적을 받았기에 로스 선교사가 교리문답서 안에서 몇 가지 질문을 하는 것으로 문답은 쉽게 끝나게 되었다.

이때 로스 선교사는 서상륜의 거침없는 대답에 놀라고 말았다. 이렇게 해서 장차 서상륜과 함께 일할 자신의 사무실에서 세례를 베풀었던 것이다. 이 일은 두 번째로 세례식을 거행했던 역사적인 사건으로 1879년에 이루어졌다.

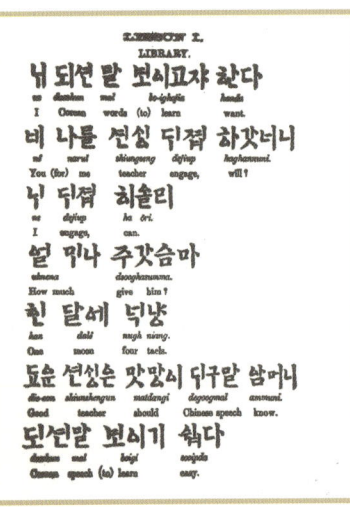

조선어 첫걸음(1877, corean primer)
성서번역을 위하여 로스 선교사는 먼저 조선어 공부를 하였는데 그것을 상하이 미장로교회 선교신문에서 책으로 펴냈다.
이것은 제일과 첫 장으로 최초의 선생 이응찬과의 대화인 듯하다.
132년전의 한글의 필체와 내용을 본다.

이로써 서상륜은 당당한 기독교 신자로 인정을 받자 한문 성경을 밤낮 가리지 않고 열심을 다해 읽고 있었다. 때마침 로스 선교사는 누가복음서를 번역하던 중 서상륜을 만나 그의 도움으로 번역에 매진했다. 서상륜과 이응찬은 누가복음서를 맡아 조선어로 번역에 착수하였으며, 이 일은 단 1회로 끝나지 않았다. 이들의 신앙의 모습을 보았던 로스 선교사는 자신의 좋은 협력자들과 함께 머리를 맞대고 누가복음서를 완성하게 되었다. 이처럼 누가복음서를 완성한 후 성서 간행을 위해서 누가복음, 요한복음, 예수성교전서를 발행했는데,『한글성서와 겨레 문화』에서 최태영 교수는 그 내용을 다음과 같이 말해주고 있다.

초기 번역 성경들의 비용은 스코틀랜드 성서공회와 대영성서공회가 부담하였다. 이 비용으로 1881년 상해에서 인쇄기를 구입하여 심양에 설치했고, 한국인 번역자들에 의하여 준비된 목활자(木活字)를 일본 주재 스코틀랜드 성서공회 총무 릴리(Lilly)에게 보내 4만자의 금 활자를 만들어 가져왔으며, 이것으로 1882년에는 『누가복음』, 『요한복음』이, 1883년에는 교정한 『누가복음』, 『사도행전』, 재교정한 『요한복음』이, 1884년에는 『마태복음』, 『마가복음』이, 1885년에는 『로마서』, 『고린도전후서』, 『갈라디아서』, 『에베소서』 등의 신약 단권들이 인쇄되었으며, 나머지 부분들을 묶어 1887년에는 『예수성교전서』가 간행되었다. 발행부수는 처음의 『누가복음』, 『요한복음』이 각 3,000부이고 『예수성교전서』는 5,000부였다.

이렇게 해서 최초의 번역은 여러 사람들의 손을 거치면서 진행되었다. 이처럼 쪽복음이 간행되면서 놀라운 기적이 일어나고 있었다. 심양인쇄소에서 식자공으로 일했던 김청송이리는 조선 청년이 성경의 사식을 하면서 그만 예수를 믿기로 작정하였다.

"선교사님, 저도 예수를 믿겠습니다. 사식하면서 일일이 성경활자를 보는 순간 이런 위대한 인물 예수라는 사람이 내 마음을 흔들어 놓았습니다."

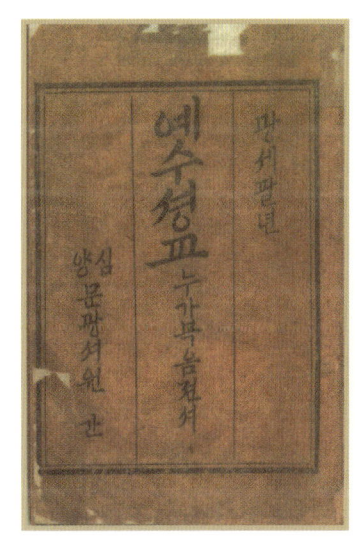
1882년 로스 선교사와 서상륜이 함께 번역한 예수성교 누가복음 전서

이 짧은 한 마디에 감동이 되었던 로스 선교사는 곧 그에게 모든 절차를 생략하고 세례를 베풀었다. 누가복음서가 출간되자 김청송은 그 감격스러운 마음으로 누가복음서를 갖고 고향으로 가겠다고 나섰다. 김청송의 고향은 고구려의 고도인 즙안이었다. 즙안을 다녀왔던 김청송은 로스 선교사에게 다음과 같이 보고하였다.

지금 즙안에는 조선 사람들이 많이 살고 있습니다. 이들은 조정으로부터 좌천된 군인들과 정부에서 녹을 받고 살았던 관리들입니다. 이들은 압록강을 건너 이곳까지 오게 되었습니다. 정세변동에 따라 생명의 위협을 느꼈던 인사들이 자신의 생명을 지키기 위해서 압록강을 넘어 와 있는 것입니다. 여기서 한해(寒害)를 만나면서 농부들은 넓은 지역으로 이동하여 농사를 지었기 때문에 자연히 이 곳에는 마을이 형성되었습니다.

김청송으로부터 자세한 보고를 받았던 로스 선교사는 1884년 겨울, 행상인을 앞세우고 눈이 많이 쌓인 골짜기를 찾아 나섰다. 로스 선교사의 보고서인 『The Christian Dawn in Korea』에 다음과 같이 기록되어 있다.

우리들은 첫 7일 동안 마차를 타고 여행하였으나 눈이 너무 깊게 쌓여 길이 좁아서 다음 한 주일 동안은 나귀를 타고 갔다. 영하 20도의 추위는 우리를 몹시 괴롭혔다. 해가 지는 석양에 우리는 첫 한인촌에 도착하였는데 약 30명의 흰 두루마기를 입은 한인들이 우리를 반갑게 맞아 주었다. 우리는 가장 우두머리 되는 사람의 집에서 유하였다. 그들의 호의와 친절은 말로 다 할 수 없었다. 이 온순한 농민들은 20년간 이 골짜기를 개간하고 농사를 지어왔다. 그들의 유일한 염원은 그저 아무 연고 없이 하루하루를 살아가는 것이었다. 그런데 2년 전에 그들의 생활에 큰 변화를 일으킨 일이 생겨났다. 그것은 그리스도의 복음이 이 골짜기에 들어온 것이었다. 그리하여 수백 명의 조선인들이 구원의 길을 찾아 날마다 즐거운 생활을 보내고 있었다.

만주에 있는 조선인들은 조선 내의 정치적 변동을 피해 이 곳으로 왔다. 또한 한해나 수해를 만났던 압록강과 두만강 주변의 많은 농민들이 이주해 오기도 했다. 이들이 이미 집단촌을 이루면서 땅을 개간하고 모였던 곳이 바로 서간도 지방이었다. 이러한 곳에 하나님의 축복이 임하고 있었으며, 바로 이곳에서 공동체를 형성하고 조선인 마을 4곳에서 모여든 사람들 75명이 로스 선교사로부터 세례를 베풀어 달라고 요청하였다.

이들이 이렇게 신앙이 성장할 수 있었던 것은 김청송이 자신의 고향에 뿌려놓고 간 『예수성교문답』, 『예수성교요령』과 함께 누가복음과 요한복음을 배포했기 때문이었다. 이러한 신앙의 힘으로 만주 땅 서간도에 있는 즙안현 이양자교회가 최초의 한인교회로 설립되기도 했다. 이처럼 서간도 지방에서 일어난 사선을 직접 체험했던 로스 신교사는 앞으로 더 열심히 복음을 전파하겠다고 다짐했다. 이 일은 『The Christian Dawn in Korea』에서 찾아 볼 수 있다.

서간도 조선인촌에서 세례 받은 사람은 모두 100명이었는데 그들은 소년 몇 명을 제외하고는 모두 성인 남자였다. 이 사업은 아직도 북한의 압록강 양 연안에서 계속 확장되고 있다.

로스 선교사는 만주 서간도 지방에 있는 조선인촌에서 1년 동안 1백여 명의 세례교인을 배출하는 등 조선 선교의 교두보적 역할을 담당하게 되었다. 이곳은 장차 중국 동북부 지방에 널려있는 조선인 전도를 위한 좋은 전략지였다. 사실 서간도 지방에 모여들었던 조선인들은 아주 평안한 상태는 아니었다. 늘 중국인들이 조선인을 경쟁자로 생각하고 무언의 압력을 가하고 있었기 때문이었다. 박해를 받았던 일도 한두 번이 아니었지만 조선인들은 오히려 지금의 생활이 하나님 말씀대로 사는 가장 고귀한 일이라고 생각하고 더 열심히 예수를 믿으면서 기도 생활을 하고 있었다.

2) 첫 복음서가 조선 땅에 상륙하다

1년이면 몇 차례씩 만주 심양에서는 헌 종이를 사고파는 장이 섰다. 역시 일찍이 아버지로부터 고려문에서 선교사를 만났다는 이야기를 듣고 자랐던 백홍준은 세례를 받은 후 신앙이 성장하였다. 백홍준은 심양에서 발간한 누가복음서와 요한복음서를 읽을 때마다 혼자서 이 복음을 간직하기는 너무 아까워 고향 의주에 전하고 싶은 마음이 뜨겁게 타오르곤 했다. 이러한 열정을 그냥 갖고 있을 수 없다고 판단했던 백홍준은 고서 매입자로 가장하여 심양 장에서 헌 종이를 구입했다. 그리고 상자를 마련하여 상자 깊숙이는 복음서를 넣고 그 가장자리는 헌 종이로 가득 채웠다. 그는 복음서를 한 권이라도 더 가지고 가고 싶은 마음에 멜빵끈까지 복음서를 낱장으로 새끼 꼬듯이 꼬아 그 끈으로 헌 종이 상자를 양 어깨에 멨다.

(하나님, 저는 하나님만 의지하고 갑니다.)

몇 번이고 혼자서 중얼거리며 압록강 근방 국경지대에 도착했을 때 마침 의주의 같은 마을에서 자란 친구가 보초를 서서 감시를 하고 있었다. 그 친구의 도움으로 도강하는 데 성공을 하고 강을 건너자마자 자신의 집으로 쏜살같이 달려갔다. 그리고 자신의 방에 들어가 헌 종이는 다 버리고 복음서만 남겨둔 뒤 쌀뒤주 옆에 항아리를 놓고 아래서부터 차례대로 채워넣고 마지막은 멜빵을 일일이 풀어 낱장을 모아 책으로 만들었다. 그는 밤만 되면 몰래 의주, 강계, 구성, 삭주 등을 다니면서 복음서를 배포하였다.

의주 땅에서 백홍준은 의주 청년 한석진에게 복음을 전하였으며, 이때 전도를 받았던 한석진은 후에 조사로서 활동하게 된다. 이렇게 몸을 아끼지 않고 전도에 힘썼던 백홍준은 1892년 외국인과 내통했다는 죄목으로 검속되었으며, 그 후 감옥에 수감되어 2년간 옥고를 치룬 뒤 세상을 떠났다.

한편 로스 선교사는 누가복음과 요한복음을 완성한 후 이 복음서를 중국에 있는 조선인들에게 전하는 것으로 만족하지 않고 조선 반도에 들여보내 수많은 조선인들에게 복음서를 전하기를 원했다. 그러나 복음서를 조선 반도에 반입하는 문제는 그리 쉬운 일이 아니었다. 최초의 조선 신앙공동체를 형성하는 데 기여했던 이성하는 자신들이 협력해서 어렵게 복음서가 발간되었는데 동족에게 전할 수 없는 현실에 대해서 울분을 터뜨렸다. 그는 그 복음서를 로스 선교사로부터 건네받아 한 상자를 등에 짊어지고 압록강을 건너 의주 땅에 뿌리고 오겠다고 굳게 약속했다. 결국 로스 선교사는 복음서를 이성하에게 넘겨주었는데 이성하가 압록강 강가에서 강을 건너보려고 몇 번 시도하였지만 조선 병사들의 감시가 심해서 건너가지 못했으니, 그는 그 뭉치를 붙잡고 하나님께 기도하였다.

"하나님, 이 말씀이 강으로 건너갈 수 있도록 복음서를 불로 태워 재를 만들겠습니다. 또 타지 않는 책은 그냥 강으로 던지겠습니다. 모든 것은 하나님의 능력만 믿겠습니다. 아멘"

그리고 이성하는 로스 선교사 앞에서 사실대로 이야기하였다.

"선교사님, 도저히 강을 건너갈 수 없어서 강가에서 기도를 하고 일부는 재로 만들어 강물에 던졌으며, 타지 않은 나머지 책들은 그냥 강

조선 농촌의 어느 가정

물에 던졌습니다."

이 말을 듣고 있는 로스 선교사는 무릎을 치면서 그를 칭찬했다. "참으로 수고를 하셨습니다." 이어서 다음과 같은 말로 용기를 주었다. 그 내용은 차재명 목사의 『조선예수교장로회사기』에 자세히 인용되어 있다.

성경을 씻은 물을 마시는 사람마다 생명을 얻게 될 것이며, 성경 태운 재는 강물에 젖어서 그 물을 만지는 사람마다 다 예수를 믿고 크게 성장하리라

로스 선교사의 말은 적중하였다. 그 일이 있은 후 압록강에 와서 빨래한 부녀자들, 여름이면 수영하는 남자들은 모두 예수를 믿게 되었다.

| 압록강 상류에서 빨래하는 조선의 여인들

게다가 후에 압록강 강가에 있는 위원, 강계, 의주, 삭주 등에 있는 교회들이 크게 성장하였으며 많은 인재를 배출했던 것이다.

한편 로스 선교사를 도왔던 서상륜은 1883년 초 로스 선교사의 심양 사무실에서 권서(또는 매서인)로 임명을 받고 간략하게 파송예배를 드렸다. 파송예배가 끝나자 로스 선교사는 약간의 복음서와 전도문서, 그리고 성경책을 그에게 전달해 주고 축복기도를 해 주었다. 그리고 로스 선교사와 조사들은 그의 성공을 기원하는 의미에서 10리 밖까지 나와 전송하였다. 김정현 목사는 『한국의 첫 선교사』에서 이렇게 말하고 있다.

> 그가 고려문에 도착했을 때에 중국관헌에게 불심검문을 당한 바, 그의 짐 속에 성경책이 들어 있어 별정소라는 조선측 검문소에 인도되어 구속, 투옥당하였다. 그러나 다행히 별정소의 관리 김효순은 의주부(義州府)의 관리로서 그의 먼 친척 되는 사람이었으므로 그가 야간에 탈출하는 데 도움을 주어 무사히 고향 의주까지 돌아갈 수 있게 되었다.

서상륜은 고향 의주에 돌아왔지만 모든 책들을 압수당하고 말았으므로 정작 그가 가지고 온 책은 몇 권 되지 않았다. 그러나 그 복음서를 갖고 자신의 집에서 동생 서경조와 함께 매일같이 성경을 읽었다. 그가 의주에 있을 때는, 자신의 친구들을 초청하여 기독교에 대한 이야기를 전하였다.

그런데 그가 기독교에 대한 이야기를 전하고 있다는 소식이 평안도 감사의 귀에 들어가고 말았다. 관가에서는 곧바로 서상륜과 서경조를 체포하라는 명령을 내렸고, 생명의 위협을 느낀 서상륜 형제는 그 길로 의주를 빠져나와 황해도 장연군 대구면 소래 외갓집을 찾아 나섰다. 외갓집에 도착한 이들은 바로 사랑방에 짐을 풀고 무릎을 꿇고 하나님께 기도하였다. 그리고 바로 이 장소가 소래교회의 역사적인 출발이 되었다.

3. 로스 선교사의 로스행전

1) 로스 선교사의 숨결을 찾아서

필자는 중국 본토에 자유로운 왕래가 허락된 지 얼마 안 된 1994년 6월 21일부터 7월 2일까지 장로회신학대학교 신학대학원(이하 장신대 신대원으로 표기)에서〔중국교회사〕를 수강했던 54명을 직접 인솔하고 중국 기독교 역사탐방 일정에 오르게 되었다. 장신대 신대원에서 〔중국교회사〕가 개설되기는 한국 내에 있는 신학대학교에서는 처음 있는 일이었거니와 이 학교가 설립된 이래 처음 있는 일이기도 했다. 이 강의가 신대과목으로 개설되자 60명이 수강 신청을 하였으니 선택과목 치고는 꽤 인기 있는 과목이었다. 미지의 대륙에 대한 호기심도 있고 역시 한국은 중국을 통해서 서양 문화가 전달되었던 관계로 많은 신대원생들이 몰려든 것 같다.

이미 필자는〔한·일교회사〕를 수강했던 장신대 신대원생들과 매년 여름방학을 이용하여 일본 기독교 역사를 탐방했던 일이 있었기에 그 경험을 토대로 중국 역사탐방을 실시하게 되었다. 원래 강의가 시작되는 첫날에 중국 역사탐방을 하겠다고 말했지만 그때는 중국 본토를 갈 수 없었기에 그 대신 대만을 가겠다고 공지하고 사전에 여행할 수 있는 경비를 학기 초부터 준비하라고 일러두었다. 그런데 강의가 시작된 지 1개월 지난 4월 중순경에 정부가 중국 본토를 여행 할 수 있다고 발표했다. 이 소식을 듣자마자 모든 수강생들은 한결같은 뜻을 모았다. "이번 중국역사 탐방은 본토로 갑시다." 결국 우리 한국에 지대한 영향을 끼쳤던 중국 요령성 심양을 방문하고 간도지방까지 가서 용정에 있는 「선구자의 노래」현장으로 해서 "민족의 정기가 서린 백두산까지 다녀갑시다."라는 어느 학생의 말을 듣고 강의실이 떠나갈 정도로 박수를 쳤던 일이 생각난다.

    필자는 장신대 신대원생들을 처음 인솔하여 중국 땅을 찾아 나섰다. 우리 역사탐방 일행들은 인천 연안부두에서 오후 5시에 중국 위해(威海)로 가는 배에 오르게 되었다. 신대원생들이 삼삼오오 짝을 지어 열심히 중국교회의 역사를 토의하는 모습을 보고 몇 번이고 참 잘했다는 생각을 하는 새에 어느덧 중국 대륙의 관문인 위해에 도착하였다. 6월 22일 오전에 위해 앞바다에 자리 잡고 있는 유공도(劉公島)에 있는 청·일전쟁의 역사자료를 모아 갑오전쟁기념박물관(甲午戰爭記念博物館)이 있는 곳으로 갈 수 있었는데 우리의 역사도 볼 수 있는 좋은 기회가 되었다.

    이날 오후 4시에 위해 항에 모여 다시 배를 타고 심양으로 가기 위해서 대련(大蓮)으로 가는 배에 승선하였다. 대련은 중국에서 몇 손가락 안에 드는 항구로 유명하다. 원래 조그마한 어촌에 불과했지만 19세

| 중국 산동성 위해 항구

| 중국 산동성 유공도에 자리잡고 있는 청·일 전쟁 기념관

기 청나라가 해군 기지를 만들면서 서서히 발전해 간 이 곳은 청·일전쟁 시 일본의 승리로 일본 조차지가 되었으며, 그 후 1898년 영국의 힘을 빌린 러시아가 일본을 쫓아내고 러시아 조차지로 만든 역사가 있는 곳이다. 이러한 관계로 러시아 풍의 건물들이 여기저기 세워져 있다.

그러나 1905년 러·일전쟁으로 일본이 다시 승리하자 러시아인들은 애써 만들어 놓았던 모든 것을 그대로 놔두고 일본에 넘겨주었다. 이때 일본인들은 대련으로 이주하면서 이 곳을 완전히 일본의 군사기지로 만들어 놓았다. 그러나 제2차 세계대전 시 일본이 패하자 대련은 다시 원래대로 중국 영토로 넘어갔다. 안중근 의사가 일본의 법정에서 재판을 받고 이곳에서 처형을 받은 후 이곳 대련에 묻혀있음을 새삼 눈으로 확인할 수 있는 기회가 되기도 하였다.

| 로스 선교사의 발자취를 찾아나선 필자
   (뒷편은 북경천주당으로 1784년 이승훈이 최초로 영세 받았던 곳)

▎ 심양국제공항

▎ 옛 서탑교회 건물

▎ 현재 서탑교회 건물

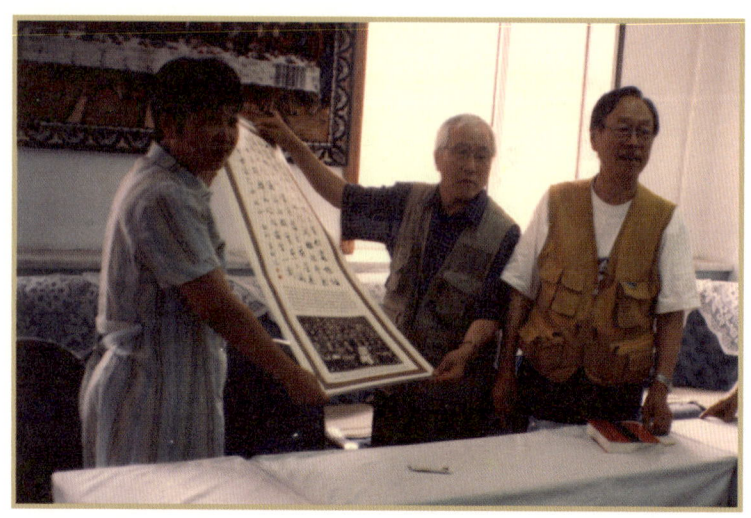
서탑교회 오명봉 목사에에 이수정 족자를 전달하는 박경진 회장과 김수진 목사

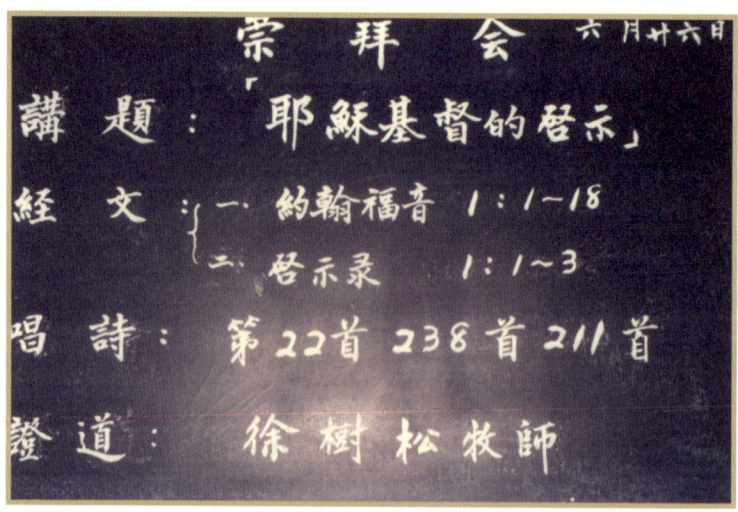
중국교회에서 예배 (숭배회)를 알리는 게시판

우리 일행들은 23일 새벽 1시에 버스 2대에 나눠 타고 로스 선교사의 삶의 현장이었던 심양으로 향하였다. 그리고 다음 날 오전에 중국의 문화혁명 때도 없어지지 않았던 동관교회(東關敎會)가 심양 번화가에 자리를 잡고 있는 것을 보았다. 이 교회는 로스 선교사가 1888년 10월 중국인들을 위해서 설립하였다. 이 교회 내에서 중국인 지도자를 배출해야 한다면서 신학생 10명을 모집하고 신학 교육을 시키기도 하였다. 이들이 3년간의 신학과정을 이수하고 최초로 중국인 전도자가 되었다.

그런데 교회와 신학교가 자리도 잡기 전에 1900년 의화단 사건(반서구제국주의, 반 기독교운동)이 일어나 중국 내에서 기독교가 큰 수난을 겪게 되었다. 이 때문에 심양 천주당과 심양 동관교회도 큰 박해를 당했다. 교회 건물이 파괴되고 신자들도 살해되었다. 선교사 150여 명이 중국인 손에 살해당하였으며, 많은 선교사들이 일본 또는 한국으로 일시적으로 피신해야만 했다. 바로 그 무시운 의화단 사건이 지나고 1년 만에 영국과 중국의 관계가 개선되면서 청나라로부터 보상금을 받아 교회를 다시 재건하였다.

1998년 7월 여름 방학을 맞이하여 필자가 몸담고 있는 장신대 신대원에 재학하고 있던 목회자 16명을 인솔하고 주일 아침에 심양에 있는 조선족 서탑교회(西塔敎會)를 방문한 일이 있었다. 마침 시탑교회를 담임하고 있는 오명봉(吳明峯) 목사는 중국에 있는 조선족으로 장신대 신대원에 유학을 와서 강의를 수강했던 엘리트 유학생이었다.

원래 중국에서 설교를 하려면 한족교회든 조선족교회든 사전에 요령성 정부의 양회(삼자애국위원회, 삼자교회위원회)에 허가를 받아야 한다. 이러한 관계 때문에 전혀 설교 준비를 하지 않고 오명봉 목사에

1900년 의화단 사건으로 중국인들이 심양 천주당에 난입하여 선교사와 교인들을 살해하는 장면

게 주일 예배에 참석하겠다고 했더니 필자에게 설교를 해야 한다고 강력하게 요구하는 것이었다.

"오 목사님, 나 여행 오느라 청바지를 입고 위에는 티셔츠를 걸치고 왔기에 설교를 못합니다."

"목사님, 그런 염려는 하지 마세요. 와이셔츠와 넥타이를 준비할 테니 설교를 하셔야 합니다."

필자는 이렇게 해서 난생 처음 청바지에 목사 가운을 입고 설교를 하게 되었다. 이날은 본당 위아래 모두 1,500여 명이 모여서 예배를 드리고 있었다. 오명봉 목사의 안내로 강단에 올라가 기도를 하는데 마침 설교 시간이 다가왔다.

"오늘 우리 교회에서 설교하실 목사님은 장신대 신대원에서 저를 가르쳤던 스승이며, 지난 2년 전에 제가 목사 안수를 받을 때 교수 대표

| 로스 선교사의 행적을 찾아나선 장신대 신대원 학생들(중앙이 필자)

로 축하하기 위해서 오셨던 분입니다. 또 제 클래스메이트이며 장신대 대 신대원 여학생회 대표로 축하하기 위해서 함께 왔던 이진희 전도사의 은사이기도 합니다. 오늘 말씀에 많은 은혜를 받으시기를 바랍니다."

이렇게 해서 우리말로 설교를 하고 예배를 다 드린 후에 식당에서 함께 식사를 하고 오명봉 목사의 안내로 동관교회를 두 번째로 돌아보게 됐다. 그 곳에서 동관교회 중국인 장로의 안내를 받으면서 구경할 때, 예배시간이 되었는데 안에 들어가지 못하고 밖에서 예배를 드리는 중국인을 볼 수 있었다. 이때 오명봉 목사의 통역으로 그들과 대화를 나누게 되었다.

"저는 40리 밖에서 새벽에 일어나 걸어왔습니다."
"그러면 교통편을 이용 못합니까?"

| 요령성, 길림성, 흑룡강성에 있는 한족 및 조선족 목회자를 양성하고 있는 동북기독교신학원

"아닙니다. 그 교통비를 헌금하기 위해서 걸어왔습니다."

이들의 신앙을 보고 놀라고 말았다. 한국 같으면 2시간 버스를 타고 교회에 출석하는 것만도 대단하다 할 테고 대형 교회 같은 경우 버스가 수시로 자신의 교회 교인들을 수송하는 일을 종종 볼 수 있는데 동관교회 교인들의 신앙이야말로 정말 우리가 본받아야 할 부분이다. 이 교회는 등록 교인이 3만 명, 출석 교인은 1만 명, 이렇게 많은 교인들 때문에 주일과 관계없이 매일같이 본당에서 예배를 드리고 있다. 그리고 동관교회 옆에 자리 잡고 있는 로스 선교사의 주택 겸 성서 번역장은 로스 선교사의 기념관으로 사용하고 있어서 로스 선교사의 업적을 한눈에 볼 수 있도록 하였다.

2) 중국인들과 함께 살아간 로스 선교사

이후 로스 선교사는 계속해서 성경을 번역하여 『조선어 신약(Corean New Testament)』이라는 보고서를 썼는데 그 보고서는 매우 복잡하고 자세했다고 한다. 그의 선교 열정은 그 누구도 따라갈 수 없을 정도였다.

로스 선교사의 열정적인 활동으로 만주에 있는 한족교회는 계속 성장해 왔다. 1884년 1월부터 6월까지 34명이 세례를 받았고 중국인 전도자 2명은 요양(療陽)에서 일하고 있었으며 심양에 3개의 예배당을 설립하였는데 그 일은 모두 중국인들이 감독하였다. 철령(鐵嶺)에서는 처음으로 심양 북쪽에 교회를 설립하였다.

슬프게도 1884년 여름에 새로운 부인에게 얻은 둘째 아들인 파인플레이가 그만 출생한 지 얼마 안 되어 사망하고 말았다. 그래서 로스 선교사는 그 아들을 가슴에 항상 품고 다녔다. 그러나 모든 것은 주님의 뜻이었으니, 그는 다시 선교사의 길로 나섰다.

이러한 보고서를 살펴보면 로스 선교사가 동관교회 내에서 운영하는 신학교에서 전도자를 양성하여 각 지역에 성경과 함께 반포했다는 사실과 교회가 하나 둘씩 설립된 과정을 찾아볼 수 있다. 로스 선교사는 조선인이 살고 있는 지역이라면 중국 어디를 막론하고 찾아 나섰다. 게다가 이미 김청송은 즙안현, 즉 서간도 지방에서 성경을 전파하였다. 이 사실을 김정현은 자신의 저서인 『한국의 첫 선교사』란 책에 소개해 주고 있다.

로스 선교사는 통화(通化) 동쪽 지역에 머무르고 있는 조선 피난민들에게 성서를 많이 팔았고 물건이 공급되면 더 팔 수 있다고 하였다.

조선인들은 비록 가난하게 살고 있었지만 오직 위로받을 수 있는 길은 상제(上帝), 즉 하늘에 계신 하나님밖에 없다는 사상에 남다른 철학을 갖고 있었다. 김정현 목사는 그의 저서에서 1884년도 로스 선교사의 가을 보고서를 인용하였다.

1884년 가을 초 웹스터 선교사를 봉황성에 파송하여 그곳에서 선교할 수 있도록 요청하였다. 이때 아일랜드 선교회 소속 선교사와 함께 수암(岫巖)과 대고산(大孤山)으로 갔다가 봉황성과 고려문으로 갔으며, 그곳에서 관전(寬甸)으로 해서 120리 북쪽에 있는 간도(間道)라는 조선인촌으로 갔다. 이때 이곳에 있는 조선인들은 세례받기를 원하는 사람들이 많아서 나는 자연히 조선인에 대한 전도에 관심을 많이 갖게 되었다.

김정현 목사의 저서에 로스 선교사 못지않게 맥킨타이어 선교사의 활동이 기록되어 있는데 그 내용을 살펴보아도 얼마나 조선에 대한 전도의 열의가 컸는가를 알 수 있다.

> 심양 북쪽, 동쪽 지역의 교회 발전과 제일 희망적인 조선 전도에 대해 언급하고 있다. 미국과 구라파 선교회로부터 자신의 조선 선교에 대해 열의에 찬 많은 문의를 받았다고 전하여 주고 있다.

이러한 열의 때문에 1884년 12월 로스 선교사와 웹스터 선교사는 심양을 떠날 때 중국 성경과 한글로 번역된 성경도 항상 가지고 다녔다. 그들은 조선인들이 많이 도강(渡江)한 간도로 갔었으며, 그곳에서도 한글로 번역한 성경을 전달하였다. 그리고 다시 심양을 떠나 왕릉(王陵)이 있는 홍경(興京)을 방문하였는데 홍경은 새로운 부(府)로 승격하였다 하여 행정장관이 머물러 있는 곳이었다. 장관은 말로만 들었던 서양 선교사를 처음 만났는데 두 선교사의 유창한 중국어에 감동을 많이 받았다. 두 선교사가 통화로 간다고 했을 때 장관은 그들을 걱정하며 말했다.

"선교사님, 여기서 통화로 가는 길은 아주 험악합니다. 특별히 산적과 노상강도가 많으니 제가 병사 2명을 동원해 통화까지 잘 안내해 드리겠습니다."

이 말에 감동을 받았던 두 선교사는 행정장관의 호의에 너무 감사하여 중국어 성경 몇 권을 선물로 전하고 그곳을 떠났다. 통화에 도착하기 앞서 요양의 험난한 산길을 헤쳐 가면서 요양의 정상에 올라갔을 때 로스 선교사는 항상 사진과 함께 보내는 선교보고서를 위해 사진기를 정상에 세워놓고 촬영을 하였다. 다행히 행정장관의 호의로 무사히 통화에 도착했을 때 선교사들은 호위병 2명에게도 중국어 성경을 선물로 전해 주었다.

"병사님들 참으로 감사했습니다. 이 성경책은 중국 사람들이 생각할 수 없는 상제님(上帝, 하나님)의 말씀이 담겨져 있는 책입니다."

이렇게 해서 이들은 무사히 통화에 도착하였다. 이미 몇 차례 방문해서 한글성경을 배포했던 경험이 있는 이들은 조선인을 만나 다시 선교에 대한 대화를 하게 되었다. 놀라운 일은 조선인들이 한결같이 성경을 읽고 그 일이 너무 감사해 융숭하게 선교사들을 대접했다는 점이다. 사실 이미 조선인들이 모여 사는 이 마을의 전 조선인들은 하나님을 믿고 있었다. 선교사들은 이러한 사실에 놀라고 말았다.

여기에 조선인 자녀들의 교육을 위해서 한문 사숙(私塾)을 운영하는 것을 보고 조선인들의 교육열이 얼마나 높은가를 짐작하였다. 다행히 사숙 훈장(訓長)의 도움으로 아이들이 배우고 있는 그 방에 들어갔다. 로스 선교사는 서툰 조선말로 어린아이들에게 인사하였다.

"나 스코틀랜드에서 온 선교사 로스라고 합니다. 여러 어린 동무들, 여기 누가복음서를 놓고 갈 테니 모두 예수를 믿으세요."

이때 아이들은 그의 조선어 구사 실력에 놀라고 말았다. 선교사들은 잠시 동안 몇몇 어린아이들과 대화를 하고 나온 뒤 다시 마을에 몇몇 유력자들을 만나 매년 한문 사숙 운영비로 10파운드를 보조해 주기로 하고 그곳을 떠나게 되었다. 1884년도 겨울 웹스터 선교사의 일기를 살펴보면 다음과 같은 내용이 담겨져 있다.

마을이나 골짜기의 마을 이름은 없고 그냥 첫째, 둘째, 셋째, 넷째 골짝이라 이름을 지어서 불렀다. 우리 일행들은 12월 5일부터 12일까지 이 지역에서 머물렀다. 거기서 75명에게 세례를 주었다. 시간이 있으면, 더 많은 사람들이 세례를 받을 수 있었을 것이다. 12월 13일 그곳을 떠났고, 심양에는 6일 만인 19일에 도착하였다. 다시 영구로 가는데 그 추운 날씨와 성탄의 계절을 만끽할 수 있도록 축복의 눈은 온통 세상을 깨끗하게 만들어 주었다. 우리는 바로 성탄절 전날에 도착하였다.

이들 일행이 도착했을 때는 바야흐로 성탄절의 계절이었다. 비록 중국은 기독교 국가는 아니었지만 선교의 자유가 있어 몇몇 교회가 설립되어 있었다. 그 중 영구에 자리 잡고 있는 영구한족교회는 방과 후에 어린아이들이 학교가 끝나기 무섭게 몰려오곤 했다. 이들은 이미 주일학교 교사들의 지도로 성탄절에 부를 찬송을 준비하고 있었다. 막 영구교회에 들어가는 순간 어디선가 아이들의 목소리가 들려왔다.

> 기쁘다 구주 오셨네 만백성 맞으라
> 온 교회여 다 일어나 다 찬양하여라
> 다 찬양하여라 다 찬양 찬양하여라

영구에서 성탄절을 보낸 로스 선교사 일행은 1886년 신년을 맞이하여 이곳을 떠나 만주 지역의 선교를 확장하려고 심양 지방 교외에 있는 철령 연대(煙臺, 산동성에 있는 '치푸' 와는 다른 지역)에 대해서 많은 관심을 가지고 그곳을 위해서 기도하고 있었다. 그런데 뜻하지 않게 도착하자마자 중국인들이 대환영을 하였다. 그러나 그의 마음속에는 지방에 갈 때 마다 초신자를 모아놓고 예배를 드릴 때 찬송가 때문에 걱정이 늘 있었다. 그는 언제나 전도해서 교회로 찾아오는 사람들을 상대로 찬송가 괘도 걸이를 놓고 열심히 찬송을 불렀다. 조사들은 항상 찬송가 괘도를 가지고 다녔다.

| 후금(청나라 전신) 수도였던 심양 고궁으로 소현세자가 인질로 붙잡혀 머물렀던 곳

4. 두 번째로 맞이한 안식년

로스 선교사는 늘 중국어 찬송가를 제작해야겠다는 생각을 갖고 있었다. 결국 그는 스코틀랜드 선교본부로 찬송가 발행 자금을 지원해 달라고 요청했고, 그 결과 인쇄 경비 15파운드를 지원받았다. 이 일을 상해 성서공회 인쇄소에 의뢰하여 중국어 찬송가를 만주에서 부를 수 있도록 하였기에 가는 곳마다 예배를 드리는 일이 훨씬 수월해졌다. 여기에 철령에 있는 연대에서 뜻하지 않게 104명에게 세례를 베풀 수 있어 전도에도 큰 공을 이룰 수 있었다.

이러한 일이 있기까지는 로스 선교사의 조사인 중국인 왕징민(王瞪롯, Old Wang)의 노력이 컸었다. 그는 가는 곳마다 로스 선교사의 선교하는 일에 큰 도움을 주었다. 그런데 그 조사가 갑자기 사망하자 로스 선교사는 큰 슬픔을 겪었다. 게다가 자신의 사역을 돕다가 사망한 것이었으니 선교사의 아픔은 더 컸다. 「1886년 스코틀랜드로 보낸 보고서」에 보면 다음과 같은 기록이 있다.

> 중국인 왕징민 조사의 협력으로 600명에게 세례를 집례하였으며, 우리 선교사가 전해 준 성경을 보면서 모두 함께 기뻐하게 되었다. 여기에 중국인 선노자의 노력으로 기적의 역사가 계속 일어나고 있다.

로스 선교사는 심양에 있을 때 뜻하지 않게 본국 탐험가인 제임스(N. E. M. James)를 만나게 되었다. 그는 만주 지방에 널려있는 산맥들을 탐험하면서 기록을 남겼다. 그가 『만주의 여행(The Long White

Mountain ; or A Journey in Manchuria)』이라는 책을 출간했을 때 책 내용 중 만주에서 선교활동하고 있는 로스 선교사에 대한 많은 칭찬을 아낌없이 넣었다. 이 일로 로스 선교사는 안식년을 맞이해서 귀국하자 뜻하지 않게 가는 곳마다 강연을 해 달라는 교회들의 수많은 부탁을 받게 된다. 그렇지 않아도 만주에서 활동하면서 조선인들의 촌락에 가서 전도했던 중국인들을 비롯해서 자신의 조사가 그 지방에 흔한 호열자에 걸려 생명을 잃어버렸던 일에 상심이 컸던 그는 그런 일까지 상세하게 보고하였다. 로스 선교사의 선교보고는 스코틀랜드 교회 교인들에게 큰 사업 보고였다. 과거 중국에서 일어났던 아편전쟁(1839-1842)으로 중국인들은 잉글랜드나 아일랜드, 여기에 스코틀랜드 인까지 백안시 했는데 그러한 벽을 뛰어 넘었던 로스 선교사는 '만주 지방의 사도 바울' 이라는 명칭까지 얻게 되었다. 안식년 이전인 1887년 11월, 로스 선교사는 웹스터 선교사와 함께 심양을 떠나 길림으로 갔다가 다시 철령과 해룡성(海龍城)을 방문하여 한족을 상대로 선교를 실시하였다. 이때 그는 만주 선교에 관한 보고서를 마련하면서『만주 선교의 소사(小史)』를 집필하기 위해서 자료를 수집하여 안식년에 본국에 귀국한 뒤 자료를 정리하였다.

이렇게 로스 선교사는 귀국하면 좋은 보고거리가 될 것이라면서 이들에 대한 자료를 정리하는 데 바쁜 나날을 보냈다. 드디어 1888년 4월, 두 번째 맞이하는 안식년 때에 중국을 떠나 상해를 거쳐 다시 일본 고베를 들러 캐나다 밴쿠버로 가는 배에 몸을 실었다. 그리고 때마침 스코틀랜드에 도착하자 열린 선교회의 수양회에 출석하였다. 이미 서신으로 서로 연락을 했기 때문에 로스 선교사는 자신에게 맡겨진 선교보고서를 준비해 갔었고 드디어 1888년 6월 11일부터 19일까지 선교회 수양회가 개회되었다.

그런데 떠나기 며칠 전 선교사의 어린 둘째 아들 재키가 또 사망하고 말았다. 상황이 상황이니만큼 중국인 전도자들의 협력을 얻어 가까운 야산에 시신을 묻고 가야만 했다. 로스 선교사에게는 매우 불행한 사건이었다.

이날 스코틀랜드 선교대회는 전국에서 모여든 목사와 장로들이 함께 하여 성대하게 거행되었다. 더욱이 각지에서 파송을 받아 활동했던 선교사들이 모여 보고회를 한다는 것은 굉장히 자랑스러운 일이었다. 그러나 로스 선교사는 마음 한 구석에서 첫 번째 부인과 영구에서 태어났던 첫째 아이와 이번에 두 번째 얻은 아들이 사망한 일 때문에 슬픔에 잠겨 있었다. 로스 선교사는 자신의 시간이 돌아오자, 회중들 앞에 나서서 말했다.

"먼저 제 부인과 두 아들이 이 세상을 떠나 하나님의 나라로 갔지만 여러분들의 기도로 우리는 이렇게 만날 수 있었습니다. 이 일은 주님의 은총으로 돌립니다."

이 말에 청중들은 여기저기서 "아멘, 할렐루야"를 외치며 화답했다. 이미 그들의 두 볼에서 눈물이 흘러내리고 있음을 보았던 로스 선교사는 잠시 강연을 멈췄다. 그 순간 회중들은 뜨거운 박수로 그를 위로해 주었으며, 그 소리는 그들의 숨결을 타고 로스 선교사의 귀에 까지 화답으로 들려오고 있었다.

모든 일정을 마친 로스 선교사와 그 일행들은 그곳에 모였던 회중들과 일일이 손목을 잡고 작별인사를 나누었다. 그들은 잠시 고향 글래

▲ 동관교회 전경

▲ 동관교회 내부

▲ 동관교회 역사 박물관 입구

▲ 로스 선교사가 사용했던 피아노

▲ 동관교회 역사 박물관

스고우에 들렸다가 다시 일정표에 의해 아일랜드 장로교 대회에 출석하여 아일랜드 선교사가 활동하고 있는 만주 지역 선교에 대해서도 보고하였다. 로스 선교사는 다시 고향으로 돌아와 안식할 수 있는 좋은 시간을 할애하여『중국인 왕징민 조사 이야기』란 수필집을 출판하였는데 그 책은 스코틀랜드에서 베스트셀러가 되었다. 그럴 수밖에 없었던 일은 로스 선교사가 보고하는 곳마다 그 책을 소개했기 때문이다. 어려운 중국의 상황 속에서 이루어진 역사들을 서술한 내용이 독자들에게는 너무나 은혜가 되었다. 이처럼 책이 많이 팔리자 인세도 꽤 많이 받을 수 있어 선교사역에 큰 도움이 되기도 하였다. 여기에 스코틀랜드 출판협회에서 1888년도 최고의 문학상을 수여했는데 여기서 받았던 상금도 모두 중국을 위한 선교비로 충당하였다.

어느덧 그곳에서 성탄을 맞이하고 이어서 1889년 새해가 다가왔다. 때마침 1889년 초에 스코틀랜드 장로교회에서는 연초를 맞이하여 큰 행사를 계획하게 되었다. 이 행사에 로스 선교사가 2회에 걸쳐 주제 강연을 각기 맡았다. 그 중 하나는 "만주에서의 우리의 역할(Our Work in Manchuria)"이었으며, 다른 하나는 "조선에 있어서의 복음(The Gospel in Corea)"이라는 내용이었다.

우선 "만주에서의 우리의 역할"의 내용은 로스 선교사의 생활과 사역에 관한 것이었다. 그 강연에서 로스 선교사는 외국 선교사들에 대응할 만큼 자국(自國)의 대행인을 두어야 한다고 주장하였다. 또한 로스 선교사 자신이 간도 지방에서 일어나는 선교에 대해서 간단하게 내용을 밝혔다. 그는 그 내용에서 "조선은 철저하게 불교를 국교(國敎)처럼 여겼던 때가 있었다. 그러나 승려들의 타락으로 불교는 조선 백성들에게 배척을 받고 모두 산중으로 입산을 하였다. 이러한 관계로 사람들은 기독교에 대해서 꽤 호의적이다."라고 언급했다.

또 한 가지 조선인의 마음속에 깊이 뿌리를 내리고 있는 것은 바로 미신이었다. 마을마다 무당(巫堂)이 자리를 잡고 있어서, 각 가정에 우환(憂患)이 있으면 꼭 무당을 불렀다. 무당은 하루종일 굿을 하면서 가난한 농촌의 생활을 어렵게 만들어 가고 있었다. 굿을 하게 되면 무당들이 굿에 쓰인 엽전이며, 쌀로 만든 떡 등을 챙겼고 그 외에 수고비까지 쓸어갔다.

또 여기에 마을을 지키는 당산(堂山)이 있었다. 이 당산은 전답(田畓)과 마을의 수호신이 있다는 산이나 언덕에 있었으며, 대개 마을 근처에 있었다. 당산을 지나갈 때는 항상 당산 밑에 가서 빌고 가야지 그냥 가게 되면 거기를 지키는 귀신이 화를 내어 그 집에까지 따라가 여러 가지 우환을 일으킨다는 속설이 있었다. 또 장례를 치를 때 상여를 매고 공동묘지까지 갔다 오면 반드시 귀신이 따라와 가정에 우환을 가져오기 때문에 가까운 방죽이나 집 대문 밖에 귀신이 먹고 갈 음식을 차려 놓기도 하였다. 하나님을 믿기만 하면, 무당이나 점쟁이가 사라진다는 사실을 알았기에 기독교는 만주에 널려있는 조선인 마을에서는 크게 환영받았다.

어느덧 안식년도 다 지나가고 1890년 2월 말에 다시 만주로 돌아가야 할 준비에 바빴다. 다시 스코틀랜드를 떠나 밴쿠버, 고베를 거쳐 상해로 해서 천진까지 오게 되었다. 다시 그는 가족과 함께 중국 대륙에 발을 힘 있게 내디뎠다. 1년간 헤어졌던 맥킨타이어 선교사와 와일리(J. Wylei) 선교사는 만주의 그 넓은 대륙을 다니면서 엄청난 수고를 하였고 서로 1년 동안 행했던 일을 보고하였다. 먼저 로스 선교사는 스코틀랜드에서 행했던 일을 상세하게 전하였다. 역시 1년간의 맥킨타이어 선교사, 와일리 선교사의 보고 내용을 살펴보면 다음과 같다.

와일리 선교사는 중국에 온 지 얼마 안 되었기에 로스 선교사의 구역이었던 대평구(大平溝)에서 의욕을 갖고 열심히 일하였으며, 여기에 로스 선교사의 구역도 집중적으로 관리하였다. 그 외 철령 지역, 개원(開原) 지역에서 사역을 하였으며, 두 선교사의 수고로 만주 북동지역에 새롭게 개척했던 매매가(買賣街)에 선교지부가 개설되었다. 이 일로 인하여 로스 선교사의 선교구역은 자연히 확대되었다.

5. 로스 선교사의 마지막 사역

1) 조선에도 세례교인이 있다

안식년을 마치고 다시 선교현장으로 돌아온 로스 선교사는 더없이 바쁜 나날을 보내고 있었다. 그러다 1890년 12월과 이듬해 1월에 압록강 북쪽으로 여행을 하였는데 평안도 강계에서 산다는 최씨라는 사람을 만났다. 그는 1889년 10월에 언더우드 선교사로부터 33명이 세례를 받았다는 보고를 하였다. 이에 놀란 로스 선교사는 자신의 기도대로 이루어진 일에 대해서 몇 번이고 주님께 감사의 기도를 드렸다. 한편 최씨는 그와 늘 함께 다니던 공씨를 만나 같이 예수를 믿기로 작정하였다. 로스 선교사의 보고서에 의하면 평안도 강계에서 100명이 예수를 믿기로 작정을 하였으며, 이 중 10명이 세례를 받았다. 다시 그 근방에 있는 자성에서는 90명이 신앙을 갖기로 하였지만 7명만이 세례를 받았으며, 후창에서는 150명이 작정을 하였지만 15명만이 세례를 받았다.

　이러한 사실을 로스 선교사가 접하게 된 배경은 이렇다. 만주 심양에 있는 동관교회에 도착한 편지가 있었는데 조선 후창에서 최정인이란 이름이 발송인으로 적혀 있는 공인(公印)을 보고 비로소 후창에 교인들이 있다는 사실을 알게 되었던 것이다. 그 곳에서 세례 받은 사람들의 숫자를 합치면 모두 33명이었다. 이러한 사실은 1889년 10월 압록강 건너편 중국 땅에서 언더우드 선교사의 보고에 의해 알려졌다. 자신이 홀톤(L. S. Horton) 의료 선교사와 결혼을 하고 신혼여행을 갔는데 그 지역민들의 요구에 의해 압록강 강가에서 기독교로 개종한 사람 중 33명에게만 세례식을 거행했다는 사실이 언더우드의 보고서에 담겨진 내용이다. 여하간 로스 선교사가 세례를 베풀었든 언더우드 선교사가 베풀었든, 이미 조선 사람들이 세례를 받은 것만은 사실이다. 이러한 보고를 받았던 로스 선교사는 자신의 선교 영역이 확장되면서 바쁜 나날을 보내게 되었다.

　1891년 2월, 로스 선교사는 다시 철령과 그 주위를 살펴보기 위해서 선교여행을 떠났는데 철령한족교회에서 26명에게 세례를 주고 이 교회의 일꾼이 될 4명의 집사를 선출하였다. 그 다음달 3월에는 대평구교회 근방에서 47명에게 세례를 베풀었다. 이처럼 로스 선교사를 돕기 위해서 함께 사역했던 잉글리스 선교사는 심양에, 더글러스 선교사는 요양에서 활동하도록 각기 파송하였다. 여기에 새로 영 선교사와 로버트

▲ 스코틀랜드 장로교 총회가 열리는 회의장

▲ 에딘버러 성에서 바라본 에딘버러 시내(기독공보사 제공)

◀ 로스 선교사가 중국선교를 보고했던 에이필드 소얼시머리교회

▲ 마을옆에 자리잡고 있는 로스 선교사 묘지

제2부 | 로스 선교사와 고려문

▲ 로스 선교사를 기념하여 고향마을에 마련된 기념비

▼ 로스 선교사 생가터에 새로 건축된 건물

▲ 로스 선교사가 어린시절에 다녔던 교회

제2부 | 로스 선교사와 고려문

슨 선교사가 부임을 하자 할루빈 남쪽에 있는 쌍성부(雙城府)에 스코틀랜드 선교지부를 설치하였다.

2) 마펫과 게일 선교사를 상면한 로스 선교사

1890년 2월에 조선 선교사를 위해서 서울에 왔던 마펫(S. A. Moffet)과 게일(J, Gale) 선교사는 함께 북쪽을 향해 선교여행을 떠났다가 그해 3월 24일에 의주를 거쳐 로스 선교사가 심양에 머물러 있다는 사실을 알고 그를 찾아 나섰다. 로스 선교사는 마펫, 게일 선교사를 반갑게 맞이하였으며, 그 동안 일구어 놓은 자신의 구역을 안내해 주었다. 이렇게 4일간을 심양에서 지낸 이들 선교사는 조선인의 안내를 받으면서 심양을 출발하여 통화(通化)를 거쳐 간도 지방까지 갔었다. 이들은 자성(慈城)과 후창(后倉)을 지나 연안(沿岸)에 있는 장진(長津)을 거쳐 5월 9일 함경도 원산(元山)에 도착하였다.

여기에 힘을 얻었던 마펫은 서울에 도착하자마자 곧 평양을 개척하기 위해서 미국 북장로교 선교본부를 설치하고 1891년에 평양에서 사역을 하게 되었다. 게일 선교사는 얼마 동안 문서운동을 하다가 1893년 서울에서 이길함 선교사와 서상륜이 개척해 놓았던 서울 연동교회를 담임하면서 교회 성장에 힘을 쏟았다. 이 두 선교사는 로스 선교사로부터 자극을 받고 최선을 다해서 목회했다. 마펫은 1893년 평양에 장대현교회를 설립하고 1901년에는 장로회신학교를 설립하면서 두 사람 다 목회자로서 성공하였던 것이다.

로스 선교사는 부지런한 행동파에다 그 누구도 따라갈 수 없을 정도로 학문에도 대단한 실력을 갖추었다. 그는 바로 1894년 3월 스코틀랜드에 위치하고 있는 글래스고우대학교 신학부에서 신학박사(Th. D.) 학위를 받게 되었다. 로스 선교사의 박사학위 논문은 두 가지였다. 그 중 하나는 『History of Corea(조선의 기독교역사)』이며, 다른 하나는 『History of the Manchus(만주의 기독교역사)』였다. 로스 선교사는 20년 간 중국에서 중국인은 말할 것도 없고 만주에 있는 조선족에게 직접 선교했던 그 일화들을 그대로 발표하였다.

3) 여성을 축출하면 안 됩니다

로스 선교사의 선교열정은 대단한 것이어서 그 누구도 따라갈 수 없을 정도로 만주를 종행무진하면서 선교에 힘을 쏟고 있었다. 이러한 관계로 그는 몸이 몹시 쇠약해졌다. 동료 의료 선교사들은 몇 번이고 쉬라고 권유했지만 그는 아직 쉴 때가 아니라고 생각했는데 그만 주일 동관교회 설교를 위해서 집을 나오다가 쓰러지고 말았으니, 이에 놀란 동관교회 교인들은 모든 예배를 일시 중단하고 로스 선교사의 건강을 위해서 기도하였다. 다행히 일어나 동관교회의 강단을 지키고 곧바로 의료 선교사의 권유로 일시 귀국하여 스코틀랜드에서 요양하기로 하였다. 동료 선교사들과 교인들의 송별을 받으면서 심양을 떠난 선교사가 상해를 거쳐서 스코틀랜드에 도착, 병원에 입원하여 치료하는 중에 난데없이 전보가 날아왔다.

"선교사님, 동관교회 교인들 일부가 여성을 축출하는 일이 발생하였습니다."

깜짝 놀란 로스 선교사는 곧 병원 담당 의사에게 이 사실을 알리고 퇴원하겠다고 말했다. 그러나 주치의는 "선교사님, 여기서 떠나면 건강을 잃고 아무것도 못합니다. 제발 여기 침대를 지켜 주세요."라고 그를 말렸다. 잠시 머뭇거렸던 로스 선교사는 의사에게 부탁하였다.

"의사 선생님, 저는 죽더라도 심양에 가서 죽어야 합니다. 많은 선교사들이 순교까지 하는데, 저는 꼭 가야 합니다."

할 수 없이 몇 가지의 약을 처방해 주며 건강을 잘 유지하도록 힘써 달라고 신신당부하는 담당 의사를 뒤로 하고 로스 선교사는 병원 문턱을 딛고 나섰다. 1895년 9월 19일, 병원을 빠져 나와 영국을 떠나 제노아에서 다시 북 독일로 가는 배를 타고 상해를 거쳐 드디어 11월 4일 영구에 도착하였다. 다시 영구에서 심양까지 가는 데 많은 시간이 걸렸지만 결국 1895년 11월 31일에 심양에 도착하게 되었다. 바로 그 무렵, 조선 반도에서 청나라와 일본의 전쟁이 일어나 조선은 아무런 이유 없이 전쟁터가 되고 말았다. 이 일로 청나라에서는 일본이 서양 무기를 사용했기 때문에 승리했다면서 그 여파로 서양의 선진국가에 대한 거부 현상이 나타났다.

결국 서양 선교사들이 부르짖는 남녀 평등사상이 공격의 대상이 되면서 여성에 대한 차별이 곳곳에서 일어나고 있었다. 여기에 여성들을 한족 교회에서 추방하는 일이 벌어지자 로스 선교사는 중국인들을 설득하고 나섰다. 이는 전 중국에서 일어난 사건이었지만 한결같은 선교사들의 노력으로 원상회복이 되었다. 기독교는 남녀 차별 없이 생활하는 것이며, 오히려 일본이 여성을 차별하는 나라라고 설득하자 한족 교회에서는 이 문제가 가라앉게 되었다.

4) 중국인 선교에 생을 마친 로스 선교사

그 무서운 청·일전쟁이 끝나자 곧 중국은 평온을 되찾고 역시 삼성(三省, 요령성, 길림성, 흑룡강성)에 흩어져 있는 모든 한족 교회나 조선족 교회도 정상적으로 회복되었다. 이미 일꾼을 세우려는 움직임이 있었지만 청·일전쟁으로 일시 중단되었었는데, 바로 1896년 6월에 심양에 있는 신학교 출신 학생 중 중국인 목사가 첫 안수를 받는 기적이 일어났다. 여기에 심양 동관교회가 장로 한 명을 세울 수 있을 정도로 성장하였다. 이러한 일은 중국 교회가 처음으로 겪는 큰 경사였다. 이때 목사와 장로는 이 일을 하나님의 큰 축복으로 받아들이며 감사했다. 로스 선교사는 이들과 함께 한족 교회를 방문하면서 성례전을 베풀었다.

한편 심양 시 북쪽 '일루'라는 지역에 생각지도 않게 교회가 급성장하게 되었다는 보고를 받은 로스 선교사는 그 곳을 방문하였다. 이미 이 곳은 웹스터 선교사의 구역으로 300명의 세례교인이 새로 탄생했다는 보고가 로스 선교사에게 전해진 바 있었다. 로스 선교사는 1897년 1월을 맞이해서 일루 지역으로 갔는데 생각지도 않게 158명에게 세례를 주어야 하는 일이 생겼으며, 이러한 성령의 바람이 계속 번지면서 통화의 남부 지역 159명에게 세례를 수는 일도 생겨났다.

그렇게 추운 겨울, 산봉우리마다 하얀 눈으로 꽃을 피우고 있었는데 이는 마치 하나님의 축복이 내리는 듯한 인상을 주었다. 그리고 바로 두만강 건너편에 있는 조선인들이 세례를 받겠다고 로스 선교사를 기다리고 있었다. 이때 50여 명이 모였었으나 일일이 신앙문답을 한 끝에 겨우 21명만 세례를 받게 되었다.

▲ 서간도 지방 5일장에 모인 조선족들

서간도 지방의 조선족 주택 ▶

선교여행을 떠나는 조선족
조사들과 선교사 ▶

102　한국 기독교 선구자 서상륜

▲ 간도 통화현 교회에 있는 조선족 마을

▲ 간도 즙안현에 있는 조선족 마을

◀ 심양시내에 있는 조선족 국수집

제2부 | 로스 선교사와 고려문

1897년 5월, 어느덧 로스 선교사와 맥킨타이어 선교사가 중국 동북부인 요령성, 길림성, 흑룡강성에 선교를 한 지 25주년을 맞이하게 되었다. 이 뜻 깊은 해를 그냥 보낼 수 없다는 생각에 중국인 한족들과 조선족들이 함께 모여 만주 선교부 창립 25주년 기념 사업회와 함께 행사를 거행하기로 하였다. 이 일로 요령성의 수도 심양은 북적거림 속에 바쁜 사람들의 발길이 오갔다.

　그러나 로스 선교사는 겉치레보다는 알맹이 있는 행사를 원했다. 그래서 1895년 초부터 욥기, 이사야, 마태복음, 야고보 등을 중심으로 주석을 발간하려고 계획을 세우고 이 일을 추진하였다. 다행히 욥기 주석은 완간하게 되었으나, 아쉽게도 나머지 주석들은 25주년을 맞이해서도 발간하지 못하고 그냥 25주년 기념식을 갖게 되었다. 「스코틀랜드 선교회-1897년 5월 창립25주년 기념대회 보고서」를 보면 다음과 같은 내용이 나온다.

중국인 목사 : 1명, 중국인 장로 : 17명, 중국인 집사 : 165명
예배당 예배처소 : 105개 처, 세례교인 : 5,802명, 학습교인 : 6,300명

　로스 선교사의 업적을 생각하면 그저 감사할 뿐이다. 1899년 보고에 의하면 조선인이 살고 있는 중국 땅에 초등학교가 20여 개 설립되어 있었다고 한다. 그는 선교 사역을 마치고 1911년 70세가 되던 해에 귀국하였으며, 고향 교회에서 목사의 직을 접어두고 기도로 봉사하였다. 1915년 4월 28일 런던 기독교문학회 공식 행사에 참석을 한 뒤 1915년 8월 6일 주님의 부르심을 받았다. 장례는 5일장이었고, 그는 그 해 8월

11일 에딘버러 뉴윙턴의 묘지에 묻혔다. 중국에서는 로스 선교사의 사망 소식을 듣고 동관교회에서 로스 선교사 추모예배를 거행하였다.

5) 지금도 동관교회에 살아있는 로스 선교사

로스 선교사의 업적을 그냥 넘길 수 없었던 동관교회 교인들은 동관교회에 기념 비문을 세웠다. 본관 강대상 뒤 빨간 천으로 가려진 벽에 다음과 같은 추모비와 추모시가 적혀져 있는데 그 내용을 한글로 소개하면 다음과 같다.

John Ross 박사님의 비문(碑文)

영국(U.K) 신학박사인 John Ross 박사는 스코틀랜드인으로 1841년에 출생하였습니다. John Ross 박사는 도학(道學)을 졸업한 후 하나님의 뜻에 따라 31세에 바다를 건너 선교를 위해 중국 땅에 왔습니다. 처음에 교회를 개척할 때는 환경이 매우 열악했으나 온 마음과 정성을 다하여 열심히 선교하여 결국 어려움을 극복하고 심양, 요양, 흥경 뿐만 아니라 조선에도 예배당을 세웠습니다. 이로 인하여 많은 사람들이 예수님을 영접하게 되었습니다. 또한 고아원을 설립하여 수많은 고아들을 양육하며 믿음 안에서 교육을 시켰습니다. 한편으로는 성경 번역사업과 성경 주석서 편찬사업을 하였고 더 많은 신학인재를 양육하기 위해 신학원도 개설하였습니다. 신학원에서는 중국인 제자 10여 명이 시험을 통하여 목사 안수를 받게 되었습니다. John Ross 박사는 힘든 선교생활을 마치고 70세가 되던 해에 귀국하여 휴양하면서도 사역을 계속하다가 1915년 가을 75세의 일기로 하나님 곁으로 돌아갔습니다. 박사님의 타계소식을 들은 수많은 성도들은 매우 애통해 하며 그분을 추모하고 그분의 선교사업을 기념하기 위하여 다음과 같은 기념비를 세웠습니다.

위대한 목자이신 John Ross 박사는 인자하며 주님께 충성하여 형제들을 사랑하였습니다. 그 분은 하나님의 말씀을 전파하기 위해 조국 영국을 떠나 중국에 와서 심양과 요양에서 헌신함으로 주님의 복음을 선포하였습니다. 어려움을 무릅쓰고 단신으로 사방을 다니며 만주 지역에 열심히 복음의 씨앗을 뿌리며 오래 참음으로 우리를 구원에 이르도록 인도하셨습니다.

그분은 수많은 교회를 세우고 복음을 힘써 전파하며 70세까지 선교를 하시다가 아름다운 헌신의 발자국을 중국에 남기셨습니다. 그리고 세상에서 하나님의 일을 하셨으니 지금 하늘나라에서 천국의 기쁨을 누리고 있습니다. 훌륭한 믿음을 지니셨던 그분은 후대에게 아름다운 본보기를 남기셨습니다.

우리는 John Ross 박사님을 그리워하며 여기에 기념의 글을 아로새겨 성도들의 그리워하는 마음을 대신합니다. 인자하신 모습이 아직도 눈앞에 아른거리는데, 떠나신 지금도 그분은 우리를 격려하고 계십니다. 비문의 글로 우리의 존경하는 마음을 대신합니다.

1916년 5월 동북삼성 각 교회 장로들은 존경하는 마음을 가득 담아 이 비(碑)를 세웁니다.

크시도다 선한 목자여/그대는 천성이 인자하시어
주께 충성하고 이웃을 사랑하였도다.
진리를 위해 몸을 바치어/멀리 조국을 떠난 지 38년이 되었도다.
요양과 심양을 복음 전파하여/구속의 은혜를 널리 선포하니
사방에서 일제히 일어나 좇았도다.

온갖 고난을 겪었는데/고난마다 항상 참은 이는
동관에서 오직 선생뿐이었다.
은혜가 우리에게까지 미치매/우리가 미계(迷界)에서 구출되었다.
성당을 짓고 교를 설하여/복음을 널리 전하다가
70에 직을 사하매/그 덕택이 향기를 뿜는다.

일을 다 마치고 세상을 뜨시어/지금은 천국에서 편히 쉬시니
영광을 하나님께 돌릴지로다.
하늘의 즐거움을 크게 기뻐하는/아 - 이 선한 표적은
만고에 길이 남을 것이다.

문하에 여러 제자들은/슬픔을 금하기 어려워서
돌에 그 뜻을 새겨 놓고 보니/감회가 더욱 깊도다.
음성과 자태가 완연하고/남기신 뜻은 항상 새로움으로
애오라지 찬하는 글을 펴서/삼가 적은 정성을 바친다.

이러한 내용이 담겨져 있는 기념비문은 심양 동관교회에 있으며, 그 무서운 문화혁명 때도 잘 감춰져 있다가 1975년도에 제 모습을 나타내게 되었다. 어느 누구를 막론하고 동관교회의 역사와 로스 선교사의 업적을 보려면 이 비문을 보아야 한다. 비문과 만나는 순간 모든 이들이 입을 벌리고 "주님의 세계는 영원합니다."라는 감탄사를 남기게 된다. 관광객들은 다시 다른 곳으로 떠나지만 항상 그 자리를 지키는 동관교회 교인들의 믿음이 오늘의 중국 대륙을 만들어 가고 있다.

스코틀랜드 에이필드 교회내에 만들어진 로스 선교사 감사의 벽걸이

3부
서상륜의 **발자취**

3부 서상륜의 발자취

1. 서상륜의 행적

1) 고향을 탈출하다

서상륜은 로스 역(譯) 누가복음을 한 아름 등에 메고 심양을 출발했지만 고려문에서 중국관리의 검문에 걸려버렸다. 그러나 다행히 먼 친척의 도움으로 겨우 복음서 10여 권을 가슴에 안고 고향 의주 땅에 도착했다. 그 말씀이 너무 좋아 매일같이 문을 걸어 잠그고 동생 서경조와 함께 교독을 하고 있었는데 어느 관리가 그 곳을 지나다가 그 소리를 듣고 그만 관가에 고발을 하고 말았다. 어느 날 두 형제가 동네 청년들이 모인 장소에 나갔더니 어떤 친구가 가까이 다가와 귓속말로 빠르게 속삭였다.

"상륜아, 너 빨리 이곳을 빠져나가라. 안 그러면 국법에 의해 처형당해!"

깜짝 놀란 서상륜은 곧 동생을 데리고 뒤도

소래교회 설립자 서상륜 권서

돌아보지 않고 외갓집이 있는 황해도 소래로 향하였다. 두 형제는 밤낮 가리지 않고 소래를 향하여 걸어가면서도 로스 선교사로부터 받았던 누가복음서를 품에 안고 여행 중 머무는 곳곳마다 기도하고 낱장으로 된 복음서를 읽었다. 그들은 몇 날을 두고 남쪽으로 내려가다가 말로만 들었던 소래에서 외갓집을 겨우 찾을 수 있었다.

일찍이 부모들로부터 이야기를 들었던 소래마을은 너무나 아름다웠다. 구체적으로 그 지역을 말하자면 '황해도(黃海道) 장연군(長淵郡) 대구면(大救面) 송천리(松川里)'인데 송천을 흔히들 황해도에서는 소래라 불렀다. 황해도 하면 그 유명한 구월산의 줄기를 이어받고 내려온 불타 산맥이 높고 낮은 봉우리로 이루어져 있는 곳이다. 그 봉우리가 허룡산으로 마치 병풍처럼 둘러 펴져 있으며, 앞으로 내다보이는 넓은 평야와 시원하게 펼쳐진 서해 바다와 마주 보고 이어진 구미포 항은 아름답기로 소문이 나 있었다. 훗날 선교사들이 이곳을 개발하여, 중국, 일본 주재 선교사들이 여름이면 해수욕을 하면서 건강을 다시 찾게 하는 휴양지로 알려지기도 했다. 여기에 도착하여 아름다운 풍경에 압도된 서상륜 형제는 그만 피곤도 잊은 채 소리를 지르고 말았다.

"하나님, 너무나 아름답습니다."

더 구체적으로 소개한다면 불타 산맥의 허리부분에 속하는 소래의 뒷산에는 소나무가 빽빽하게 들어차 있고, 소나무가 우거진 사이사이에는 옹기종기 초가들이 모여 마을을 이루었다. 이 곳은 양반 고을로도 소문이 나 있었는데 그 이유는 광산 김씨의 선산이 있었고 그 곳이 아름드리 소나무들이 하늘을 찌를 듯이 서 있는 곳이어서 붙여진 이름이 소래(松泉)였기 때문이었다. 마을의 이름 첫 자는 '소나무 송(松)'이 변

형된 것이었고 마을 곳곳에 맑은 샘물이 흐른다 하여 '내(泉)' 즉 '래'라는 단어를 합성하여 '소래' 라고 부르게 되었다.

다른 시각에서 보면 이 고장의 이름은 하나님께서 지어준 이름이다. 야소(耶蘇)가 온다는 의미로 야소의 약자 '소(蘇)'를 사용하고 야소가 왔다는 뜻으로 '올 래(來)'를 사용하여 결국 순수한 우리말로 소래라 불렀다. 서상륜 형제가 야소를 소개하기 위해서 왔던 지역이기에 이러한 의미에서 소래(蘇來)라고 말하는 것이다.

게다가 장연군에 있는 대구면(大救面) 안에 바로 소래가 있다. 대구(大救)는 큰 구원을 말한다. 이로써 그 누구도 부인할 수 없는 하나님의 섭리가 소래에서 이루어지게 되었다. 그러니 소래라는 이름은 하나님이 지어주신 이름임에 틀림없다.

이 마을은 일찍이 중앙에서 판서(判書)라는 높은 벼슬을 역임했던 이 고장의 유지 광산 김씨 김윤방의 증조부가 낙향하면서부터 정돈되기 시작했다. 판서란 옛날 고려나 조선 시대에 육조(六曹는 곧 이조, 호조, 예조, 병조, 형조, 공조)의 한 직책에 해당되는 벼슬이다. 요즘으로 말하면 중앙 정부의 장관직이라고 말할 수 있다. 높은 벼슬을 지냈던 판서가 이곳까지 내려온 것은 여생을 산수가 수려하고 맑은 시냇물이 흐르는 곳에서 보내기 위함이었다. 그런 곳을 찾던 중 소래에 그 터를 잡고 한양(이하 한양은 서울로 표기)에서 가족을 이끌고 내려오게 되었던 것이다. 그 후 김윤방의 할아버지 김성첨도 중앙 정부에서 임금의 좌수 역할을 했던 부친의 유업을 계승하기 위해서 소래에 자리를 잡았다. 이러한 연유로 김윤방을 부를 때 판서 양반 댁, 또는 좌수 양반 댁으로 부르게 되었다.

무당들이 굿을 하고 있다.

소래 마을 입구에 자리잡고 있는 성황당

2) 당골 마을에 기도소리가

얼마나 아름다운 곳이었으면 판서를 역임했던 큰 어른이 낙향을 하고 이곳에 자리를 잡았을까. 흔히들 이곳을 가리켜 '황해도의 낙원'이라고까지 불렀다. 언더우드 선교사는 소래교회의 초청을 받아 방문해 보고 풍경에 깊이 감탄한 바 있다. 이 때문에 이곳은 선교사들 사이에 널리 알려진 지역이기도 하다. 선교사들은 "산과 소나무와 내, 바다의 수려한 자연환경"이 어우러진 이곳 절경을 보고 감탄했다.

이로써 소래의 그 유명한 구미포 해수욕장은 선교사들이 즐겨 찾는 휴양지가 되었다. 구미포는 모래가 깨끗하기로 유명한데, 이 유명한 구미포 모래는 일제 시대 인천에 유리공장이 생겼을 때 재료로 쓰였고, 완성된 제품은 일본 본토로 수없이 실려 나갔다.

해방 전 이곳 장연군은 10개 면으로 편제되었다. 장연군은 산과 평야가 어우러지고 시원한 황해 바다를 접하고 있는 황해도의 서남쪽 끝자락에 자리를 잡고 있다. 10개 면 중 하나인 대구면은 구미포가 있는 제일 남쪽 바닷가에 있으며, 송천리는 대구면의 소재지여서 동서로 통하는 비교적 넓은 길이 있고 길 양편으로 가게들이 제법 번성했다. 바다를 끼고 있는 장연군은 구미포를 비롯하여 아랑포, 몽금포 등 수심이 깊은 포구들이 있어서 중국의 상선들이 자주 오갔으며, 제물포와도 가까워 서울을 드나드는 데 교통이 아주 편리하였다. 그래서 기차로 다닐 수 있는 철도길이 트이기 전까지는 육로보다 해로가 편리해서 서울을 왕래하기는 가장 좋은 곳이었다.

이 마을은 일찍부터 외래문화의 영향을 많이 받았다. 이러한 관계로 다른 지역에 비교해서 기독교가 가장 빨리 들어왔을 뿐만 아니라 조선에서는 최초로 자생적 교회인 소래교회를 설립할 수 있었다. 특별히 외가가 이곳에 있는 서상륜 형제가 복음을 받아들일 수 있었던 것은 아무래도 김 판서 가정의 영향이 아니었는가 하는 추측이 가능하다. 이 마을에는 70여 가구가 살고 있었으며, 대개가 김 판서의 후손인 광산 김씨를 비롯해서 무장 김씨, 김해 김씨, 그리고 조씨, 대구의 달성 서씨, 이씨 성을 가진 사람들이었다. 이 중 무장 김씨는 토박이로써 마을 중심에 자리를 잡고 있었다. 그 다음 많았던 성씨가 광산 김씨였다. 소래마을은 선바위골에서부터 시작되는데 주로 이곳에서는 화전민들이 살았다. 소래 입구 아랫마을에는 기독교를 이 땅에 처음으로 소개했던 서상륜과 서경조 형제가 자리 잡고 살고 있었다.

아랫마을에서 큰 신작로로 나가서 신작로 건너편 구석마을 쪽으로 오솔길을 따라 올라가면 당골 마을이 나온다. 이 당골 마을에서는 무당들이 대를 이어오면서 마을을 지키는 신을 수호하고 마을에 행해지는 모든 행사를 주관하면서 공동제사를 지내왔다. 언제부터 이러한 당산제를 지내왔는지는 모르지만 무장 김씨가 뿌리를 내리면서 실시해 왔던 것 같다. 자연히 마을의 상징인 아름드리 느티나무와 노송(老松)들이 하늘을 덮고 있어서 대낮에도 햇빛을 볼 수가 없었다. 바로 이러한 곳에 소래교회가 설립된 일은 기저 중에 기적이리고 말할 수 있다.

2. 소래에 자생적 교회가 설립되고

의주에서 한밤중에 도망 나온 서상륜, 서경조 형제는 오직 하나님의 인도하심을 받고 그 험한 길을 따라 외가 집에 도착했다. 둘은 오자마자 외가 집 사랑채에서 피곤도 잊은 채 하나님께 간절히 기도를 하였다. 다음날 새벽, 떠오르는 태양의 원리에 따라 분명히 소래에 새로운 역사가 이루어질 것을 믿고 두 형제는 서로 손목을 맞잡은 채 다시 하나님께 기도하였다.

"하나님, 이곳에 주님의 영광을 위해서 주님의 이름으로 예배처소를 마련하렵니다."

다행히 이들이 머물러 있는 외갓집은 마을에서 조금 떨어져 있는 곳으로 예배를 드리는 일에 별 지장이 없었다. 참으로 "하나님도 우리를 돕고 있구나." 하는 생각을 몇 번이나 하던 차에 드디어 역사적인 시간이 다가오고 있었다. 바로 1883년 5월 16일, 소래지방에서 최초로 예배를 드림으로 자생적 소래교회의 역사가 이루어지는 순간이었다. 이 날 예배에 동참한 사람은 서상륜, 서경조 여기에 외갓집 식구를 포함해서 열 명 남짓한 사람들이었다. 그들은 '두세 사람이 내 이름으로 모이는 그곳에 내가 함께 하겠다' 는 주님의 말씀을 믿고 행동에 옮기게 되었다.

그런데 소래교회 창립연도에 대해서 여러 가지 학설이 있다. 차재명 목사가 편집한 『조선예수교장로회사기』에는 1885년으로 기록이 되어 있다. 한국교회사의 대가인 김양선 목사는 차재명 목사의 기록에 있는 대로 『한국기독교사연구』에 소래교회가 1885년에 설립되었다고 주장하고 있다. 또한 대한성서공회에서는 선교100주년기념 성경전서 5,000권을 발행하면서 소래교회의 창립을 1885년으로 기록하였다. 반면 곽안전 선교사가 집필한 『한국교회사』에는 1884년으로 기록해 놓았다. 그러나 언더우드 선교사가 직접 저술한 『The Call of Korea』에는 설립했다는 기록만 있지 연도에 대해서는 전혀 언급이 없다.

그러면 소래교회의 역사는 어느 것이 가장 정확하다고 판단할 수 있을까. 대체적으로 역사가들은 『조선예수교장로회사기』에 기준하여 "1885년으로 기록하고 있다."고 주장해 왔었다. 이 일로 많은 자료에서도 그렇게 기록하였기 때문에 교회사를 연구하는 학도들에게 큰 혼란을 야기하고 있다.

| 옛 교회당을 8간(T자형)으로 증축한 교회의 모습

그러나 소래교회 창립60주년 기념행사를 할 때 당회장으로 시무했던 허간 목사는 1943년 창립을 기준으로 하고 행사를 진행하였다. 허간 목사가 소래교회에 시무하면서 6·25전쟁을 만나고 말았다. 허간 목사는 그때까지 시무하고 있다가 1951년 1·4 후퇴 시 소래교회 당회록을 갖고 백령도로 오게 되었다. 그의 증언에 의해 『황해노회 100년사』를 발간했다. 책에서 소래의 창립년도를 언급하고 있다.

1·4 후퇴(1951) 당시 소래교회를 시무하다가 백령도로 후퇴한 허간 목사의 증언에 의하면 8·15 광복절, 1943년에 송천교회 창립 60주년 기념식을 성대하게 거행하였다는 것이다. 이 어찌 산 증거가 아닌가?

이러한 결정적인 자료는 소래교회 당회록을 지참했던 허간 목사에 의해서 증언되었다. 여기에 황해도 모든 교회의 역사, 황해도에 속한 군 기독교 역사를 많이 저술했던 한국교회사가인 이찬영 목사의 증언은 믿을 수밖에 없다.

1960년에 백령도 중화동교회(허간 목사 시무)에 부흥회 인도 차 갔던 이찬영 목사가 이 당회록을 직접 목격하고 설립일을 메모하였고, 저서 『한국기독교 연대표』에 소래교회의 설립일을 1883년 5월 16일이라고 소개하고 있다. 설립일은 이찬영 목사가 직접 당회록을 눈으로 보면서 메모한 것으로 틀림없다고 자신이 황해 노회원들에게 자신 있게 증언하였다. 또 이 당회록을 직접 보았던 목사가 또 한 분 있음을 소개하지 않을 수 없다. 역시 중화동교회에서 부흥회를 인도했던 서동혁 목사(황해노회 소속목사)는 허간 목사가 자랑스럽게 보여준 당회록을 목격했다고 증언하였다.

이처럼 명확한 기록이 있었던 소래교회 당회록은 허간 목사의 사망으로 유실되어 더 찾을 수 있는 길이 막히고 말았다. 허간의 아들 허태운, 대전에 있는 그의 손자 허경진 교수도 백방으로 노력을 하였지만 찾을 길이 없게 되었다.

필자는 잠시 인천 성화교회(현, 간석제일교회)에서 1981년 봄부터 1983년 가을까지 목회한 일이 있었다. 그때 허간 목사의 생질인 허태형 장로가 들려준 이야기가 생각났다. 이미 일본 유학을 마치고 한영신학대학교 교회사 교수로 재직하고 있었기에 이야기를 직접 들을 수 있었다.

"목사님 혹시 소래교회가 언제 창립되었는지 알고 계신가 모르겠습니다."

"소래교회 창립 연도는 김양선 목사의 저술에 보면 1885년으로 기록되어 있지 않습니까?"

"아닙니다. 저의 숙부님은 허간 목사로서, 소래교회에서 시무를 하였으며, 그 후 백령도 중화동교회에서 시무를 하였습니다."

"그래요?"

"제가 자신 있게 소개하면 1883년 5월 16일입니다. 저의 사촌 동생인 허태혁 안수집사(현 은퇴 장로)도 잘 알고요, 우리 교회 옆에 있는 인천 동암교회에는 백령도에서 피난 나온 저희 형제간들이 많이 있습니다."

이러한 정황으로 보아 소래교회의 창립일은 1883년 5월 16일로 확인할 수 있다. 이미 소래교회는 선교사들이 입국하기 전에 서상륜 형제가 선교사의 도움 없이 소래에 설립했다 하여 자생적 소래교회라 부르고 있다. 그러면 이 교회는 어떻게 성장해 갔는가를 살펴보기로 하자.

3. 소래교회 부지는 당골 마을

서상륜의 외갓집은 소래 중심가에서 좀 떨어진 외진 곳이었다. 당시는 마음 놓고 예배를 드릴 수 있는 그런 시대가 아니었기에 자연히 남의 눈을 피해야 했다. 그러나 차차 서상륜, 서경조의 열심 있는 가정 방문을 통하여 기독교가 전파되어 한두 사람씩 교회에 출석을 하기 시작하였다. 그는 매 주일 예배를 인도할 때마다 자신이 예수님을 영접하고 심양에 있는 로스 선교사나 맥킨타이어 선교사로부터 영향을 받았던 일화들을 열거하면서 기독교의 근대화된 모습을 보여 주었다. 그런데 여기에 뜻하지 않게 광산 김씨 김윤방의 가족들이 소래교회에 등록하였다. 김윤방의 가족이 교회에 출석하자 자연히 김윤방의 사돈인 무장 김씨 가문도 소래교회에 등록을 하고 교회에 출석하게 되었다.

이처럼 소래에 뿌리를 내린 소래교회는 광산 김씨 집안과 무장 김씨 집안이 중심이 되면서 갑자기 교인들이 늘어나게 되었다. 결국 서상륜의 외갓집에서 예배를 드리기에는 장소가 협소해지자 좀더 넓은 자리를 마련하자는 제안이 나왔고 교회당 신축 문제까지 대두되었다. 이때 서상륜은 이미 로스 선교사로부터 훈련을 잘 받았기에 모든 문제를 교인들과 의논하면서 일을 처리해 나갔다.

"오늘 주일 예배가 끝나고 어른들은 잠깐 앞자리에 앉아 주시면 감사하겠습니다."

이러한 광고를 접했던 소래교회 장년부 교인들은 예배가 끝나자 광고 내용대로 앞자리에 모두 앉아 있었다. 이때 서상륜은 교회 건축에 관한 안건을 내놓았다.

"오늘 주일예배를 드렸지만 이 장소는 너무 비좁기 때문에 서로 힘을 모아 건축을 하면 보다 많은 교인들이 예배에 참석할 수 있을 것 같습니다. 그런 이유로 교회 신축을 위한 부지를 구입하기 위해서 모이라고 하였습니다."

이때 서경조는 형의 계획을 잘 알고 있었기에 회중들 앞에 나가 부탁을 하였다.

"이러한 중대한 안건을 논의하려 하니 우리 함께 기도하고 시작했으면 좋겠습니다."

이때 사회를 맡고 있던 서상륜은 동생의 의견을 받아 즉시 모든 회중들로 하여금 기도를 하도록 하였다. 이때 어느 교인이 손을 들고 발언을 하였다.

"지금 우리 소래교회는 주민이 거의 출석을 하고 있으며 아직 안 나오는 가정은 무당을 섬기는 가정뿐인 것 같습니다. 그러기 때문에 이왕 교회를 건축하려면 저기 미신을 섬기는 당골 마을에 세우는 것이 좋겠습니다."

이러한 내용이 당골에 사는 무당들에게 알려지자, 무당들은 계속 소래교회가 부흥되는 모습을 보고 위협을 느끼게 되었다. 결국 무당들은 황해도 안에 있는 유명한 박수무당을 총 동원하여 매일같이 소래 당골에서 굿을 하기 시작하였다.

"신령님, 지금 예수꾼들이 우리 당골을 위협하면서 이곳을 점유하려고 합니다. 비나이다. 비나이다."

이뿐만이 아니었다. 심지어 산신령의 이름으로 예수를 저주하고 소래마을에서 교회를 완전히 퇴거시키려고 안간힘을 다하였다. 그러나 박수무당들이 예수를 저주한다는 소식을 들었던 소래교회 청년들은 하나님의 진리가 승리하려면 더 열심히 기도하고 당골에서 박수무당이 행하는 모든 일은 사탄의 행위임을 하나님의 능력으로 보여 주어야 한다면서 밤낮 가리지 않고 릴레이식으로 기도했다.

그러자 이상한 일들이 당골에서 일어나기 시작했다. 우선 당골을 이끌어 가고 있던 박수무당이 갑자기 힘을 쓰지 못하고 입에서 거품을 내뿜으면서 쓰러지고 말았다. 그 후로도 계속해서 박수무당들이 굿을 하기만 하면 이상하게도 한 사람씩 쓰러지는 현상이 나타나자 결국 이들은 당골을 놔두고 한 사람, 두 사람씩 소래마을을 떠나고 말았다.

다시 소래교회 청년들은 무당들이 완전히 떠나버린 당골에 우뚝 서 있는 신주목(神主木)을 철거시키기 위해서 톱과 괭이를 들고 나와 찬송을 부르면서 그 신주목을 쓰러뜨리고 말았다. 신주목이 쓰러지자 그들은 신주목을 톱으로 전부 토막내어 당골 언덕에 말려 놓고 추운 겨울에 난롯불을 피우는 장작으로 사용하기도 하고, 또 교회당을 신축하려면 목재가 필요 하다면서 산더미같이 쌓아 놓았다. 이는 마치 열왕기하 18장 4절에 있는 말씀과 같았다.

그가 여러 산당(山堂)을 제거(除去)하며 주상(柱像)을 깨뜨리며 아세라 목상(木像)을 찍으며 모세가 만들었던 놋 뱀을 이스라엘 자손이 이때까지 향하여 분향하므로 그것을 부수고 느후스단이라 일컬었더라

이렇게 해서 당골은 폐허가 되었고 소래교회 교인들은 이 일이 마침내 하나님의 승리로 끝났다 하면서 더 열심히 하나님을 찬양하게 되었다. 이 일로 결국 당골에서 밥을 먹고 살았던 박수무당들은 소래마을에 발을 붙이지 못하고 하나 둘씩 떠나고 어느새 소래마을에서는 더욱 활발하게 소래교회를 신축해야 한다는 소리가 여기저기서 들려오고 있었다.

4. 서상륜의 서울 나들이

1) 선교사들, 조선에 입국하다

미국 선교사들이 조선 땅에 오기까지는 일본에 머물고 있던 이수정(李樹廷)의 역할이 컸다. 그는 궁궐의 역사기록가로 궁궐에 자주 출입하였다. 그런데 1882년 임오년(壬午年)에 군인들이 난을 일으키면서 명성황후(閔妃)를 살해하려고 궁궐로 진입한다는 정보를 입수하였다. 이때 이수정은 곧 농부(農夫)로 변장하여 궁궐에 입궐, 명성황후를 지게에 거름이 나가는 것처럼 꾸며서 궁궐을 빠져 나와 광나루 강을 건너 장호원을 지나 그의 친정인 충주로 피신하였다.

이때 청나라의 도움으로 나라가 안정되자 이수정은 명성황후를 안내하여 다시 입궐하였다. 명성황후는 자신의 생명을 지켜준 이수정에 대해서 너무 감사하여 1882년 10월 신사유람단이 도일(渡日)할 때 그가 비수행원으로 함께 갈 수 있도록 길을 열어 주었다. 이때 이수정은 자신의 친구인 안종수로부터 일본 동경에 가면 일본의 농학자인 쓰다(津田 仙) 박사를 상면하여 농사짓는 법과 일본의 근대화된 이야기를 듣고 오라는 부탁을 받았다.

| 알렌 의료 선교사

이렇게 해서 이수정은 신사유람단 비수행원으로 동경에 있는 쓰다 박사 집을 방문하였다. 이때 한문으로 된 신약전서를 선물로 받고 숙소에 와서 열심히 읽다가 어느새 기독교로 개종할 마음을 갖게 되었다. 다시 쓰다 박사를 만났던 이수정은 자신의 신앙을 고백하고 쓰다 박사의 안내로 1883년 4월 29일 로월정교회(露月町敎會, 현 시바교회-芝敎會)에서 일본인 야스사와(安川亨) 목사와 낙스(G. W. Knox) 선교사의 집례로 세례를 받게 되었다.

| 언더우드 선교사

이때 이수정은 일본의 근대화에는 미국 선교사들의 공이 큰 것을 인식하고 1883년 7월 11월에 2회에 걸쳐 미국으로 서신을 보냈다. 그의 서신의 내용이 미국 선교잡지에 소개가 되자 미국의 젊은 실업가 맥윌리엄스(D. W. McWilliams)가 선교비를 부담하겠다는 확약을 해주었다.

선교협회에서는 조선에 갈 선교사의 길을 열어주어야 한다는 생각을 갖고 이미 일본에서 감리교 선교사로 활동하고 있는 매클레이(R. S. Maclay)에게 연락하였다. 그는 1884년 6월에 입국하였으며, 이때 미국 공사 푸트(G. Foot) 장군의 안내를 받고 고종을 상면하였다. 이때 매클레이 선교사는 의료 사업과 학교 사업을 소개했고 고종은 이를 추진하는 것을 흔쾌히 허락하였다. 이렇게 해서 중국 상해에서 사역하고 있던 미국 북장로교 알렌(H. N. Allen) 의료 선교사가 그 해 9월에 입국하게 된다. 그 후 미국 본토에서 조선에 갈 선교사를 모집하던 중 미국 북 장로교는 언더우드(H. G. Underwood) 선교사, 미국 감리교는 아펜젤러(H. G. Appenzeller) 선교사가 각각 지원하였다.

　이때 이수정은 일본 주재 미국성서공회 총무 루미스(H. Loomis)의 협력으로 마가복음서를 우리말로 번역하여 1884년 12월 요코하마 복음인쇄소에서 1천 부 가량 발행했다. 그 후 아펜젤러 선교사 부부와 언더우드 선교사가 이 마가복음서를 안고 1885년 4월 5일 인천 제물포 항

❙ 아펜젤러 선교사 가족

에 도착하였다. 아펜젤러 부부는 정세가 불안하여 곧 일본으로 다시 돌아가게 되었지만 언더우드 선교사는 독신이었기에 알렌의 도움을 받아 미국 영사관이 머물고 있는 서울 정동에 자리를 잡았다.

이미 알렌(H. N. Allen) 의료 선교사는 자리를 잡고 '광혜원'이란 병원을 열어 그 병원에서 조선 조수들을 모아 놓고 의학 공부를 실시하고 있었다. 이때 언더우드 선교사는 대학에서 과학을 전공하였기에 그 실력으로 화학을 가르쳤다. 여기에 한글을 배우는 한편 조선 문화와 역사를 배우면서 그의 위치는 하루하루 달라지게 되었다. 정동에 자리를 잡은 선교사들은 각 가정에서 예배를 드렸지만 공식적으로 함께 모여 예배를 드리자는 여론이 있자, 1885년 7월 5일 언더우드 사랑채에 모여 첫 예배를 드렸다. 이 예배에 참석했던 선교사들은 알렌 선교사를 비롯해서 아펜젤러 선교사 부부, 헤론(J. W. Heron) 선교사 부부, 스크랜턴(M. F. Scranton) 선교사 부부, 그의 어머니, 그리고 미국공사관 직원들이었다. 이 모임은 해가 바뀌면서 외국 선교사들이 한국인이 참여할 수 있도록 배려하여 다인종 모임으로 변했다. 언더우드 선교사의 『The Call of Korea』에서 미국 본부에 보낸 서신을 살펴보면 다음과 같은 기록이 있다.

우리는 이곳에서 기도주간을 가졌습니다. 하루 저녁에는 한국인 몇 명이 참석했습니다. 다음번 기도주간에는 더 많은 한국인들이 예배에 참석하게 되기를 간절히 기도했습니다.

이러한 결과로 서울 근교에 사는 노춘경이란 사람이 선교사들의 예배에 참석하고 신앙을 고백하게 되었다. 언더우드 선교사는 이 청년이 예배에 참석하게 된 배경을 듣게 되었다.

"선교사님, 제가 우연히 광혜원 원장 알렌의 집에 갈 일이 있었습니다. 거기서 원장님의 책상 위에 놓여 있는 마가복음서를 발견하고 그 책을 달라고 해서 읽고는 놀라고 말았습니다."

이러한 이야기를 들었던 언더우드 선교사는 곧바로 노춘경의 신앙고백을 받고 세례를 베풀었는데, 이로써 서울에서 첫 조선인 신도를 얻게 되었다. 그 후 노춘경은 매 주일마다 언더우드 사랑채에서 모이는 주일 예배에 참석하면서 선교의 자신감을 갖게 되었다.

한편 언더우드 선교사는 시간이 나는 대로 서울 시내를 순회하곤 했다. 그런데 종로통에서 뜻하지 않게 한 소년을 만나게 되었다. 선교사는 서툰 조선말로 그에게 말을 건넸다.

"너 어디서 살고 있지? 나하고 같이 너의 집에 가볼까?"

"집이요? 종로 거리가 제 집입니다."

이 말에 깜짝 놀란 언더우드는 그를 데리고 자신의 집으로 가서 사랑채에 머물게 하였다. 이 일을 기점으로 1886년 첫 고아원을 개설하였는데 2개월도 안되어서 이 곳에 고아 10여 명이 모여들었다. 바로 이 고아원이 예수학당이라 불리며 서양의 현대문화를 가르쳤던 곳이다. 후에 이곳은 경신학당(현, 경신중·고등학교)이 되었다. 그 후 언더우드 선교사는 1915년 경신학당에 전문부를 신설하고 연희전문학교(연세대학교)를 창설하였다.

2) 새문안 교회 설립에 참여한 서상륜 형제

이미 앞에서도 언급하였지만 오랜 세월을 기도로 준비하던 언더우드 선교사에 의해 외국인을 위한 교회가 정동에서 출발하게 되었다. 후에는 조선인을 위한 교회도 생겼는데 바로 이때가 조선 최초의 새문안 교회가 탄생하는 시기였다. 윤경로 박사는 『새문안교회 100년사』에 새문안교회의 설립에 대해서 다음과 같이 기술하였다.

> 새문안교회는 1887년 9월 27일(화) 저녁, 언더우드 선교사의 주재 하에 한국 최초의 장로교 조직교회로 탄생되었다. 그 동안 선교사들이 중심이 된 영어예배 집회만 있었으나, 이제 한국인들에 의해 한국말로 예배를 드리는 한국인 교회가 조직된 것이다. 이날 밤 14명이 참석한 가운데 언더우드 선교사의 주관으로 새문안교회가 서울 장안 정동에 위치한 한옥(韓屋)에서 창립 모임을 가졌다. 마침 이날 교회 창립 모임에는 서상륜을 파송했던 만주의 로스 목사가 참석하였다.

여기 참석자 14명 중에는 서상륜도 포함되어 있는데 다른 13명은 소래에서 온 사람으로 정리하고 있다. 이날 선교사들의 보고에 의하면 장로 2명을 선출했는데 그들이 서상륜과 백홍준이었다고 한다. 여기서 말하는 장로는 현 한국 장로교회에서 노회의 허락을 얻고 공동의회에서 선출한 것처럼 하지 않고 단지 지도자란 의미를 내포하고 있다. 그리고 이날 밤, 14명 중 1명이 세례를 받았다는 기록이 있다.

그런데 새문안교회, 즉 정동장로교회가 출범할 때 로스 선교사가 출석했다는 기록이 나오는데 그는 만주에서 백홍준과 서상륜을 지도

했던 인물이었다. 로스 선교사는 언더우드 선교사의 초청을 받고 만주 단동에서 배를 타고 인천 제물포를 거쳐 서울에 도착하였는데 바로 그때 첫 예배에 참석하여 서울에서 조선 교회가 첫 출발하는 광경을 지켜보았다. 로스 선교사는 이 기쁜 소식을 만주와 스코틀랜드 선교부에게까지 보고를 하였다. 이때 언더우드 선교사는 로스 선교사에게서 성경을 보내달라는 부탁을 받고 심양으로 돌아가 즉시 6천 권이 되는 복음서를 서울로 보냈다. 이때 영사관으로 왔던 독일인 묄렌도르프가 인천 세관 자문을 맡고 있어서 그의 협력으로 검문 없이 세관을 통과할 수 있었다. 이 일로 인하여 서상륜은 더욱 바쁜 나날을 보내게 되었다.

그 후 1개월이 지난 10월 30일, 길 하나를 사이에 두고 같은 마을 정동에 미국 감리교 선교사 아펜젤러가 지역민을 모아놓고 예배를 드린 것이 정동감리교회의 출발이 되었다. 이렇게 해서 한 마을에 같은 예수를 믿으면서 두 개의 교회가 있는 것을 좋지 않게 생각할까봐 정동장로교회는 신문로로 이전하고 새문안장로교회로서 한국 장로교회의 모교회라고 부르고 있으며, 정동감리교회는 현재 있는 그 자리에서 계속 전통을 이어가고 있다.

후에 서상륜은 새문안교회를 설립해 놓고 쪽 복음을 들고 다른 지방으로 떠났다. 그러나 그는 자신이 설립했던 소래교회가 궁금해서 다시 소래교회로 오게 되었다. 서상륜 밑에서 훈련을 잘 받았던 서경조는 가끔 서상륜이 소래교회를 비우고 선교여행을 떠나면 그 자리를 맡아 일하곤 했다. 서울 여행을 갔다 온 후에도 서상륜은 동생 서경조와 만나서 서울에서 일어났던 이야기를 나누었으며, 서경조도 소래교회의 건축에 대해서 의견을 내놓곤 했다.

▲ 언더우드 사랑채에서 1887년 9월 서상륜 등이 참여하여 새문안교회를 창립하였던 장소

▲ 정동제일감리교는 아펜젤러가 1887년 설립했고 사진에 보이는 모습은 1897년 신축한 건물로 지방문화재이다.

▶ 무어 선교사가 백정들을 모아 설립한 서울 승동교회(1893)

▲ 무어 선교사가 갓바치를 모아 설립한 서울 연동교회(1894)

◀ 소래교회 출신 김영옥 조사가 연동교회에서 사역을 하였다(김영옥 목사와 가족일동-서울 연동교회 김형태 원로목사의 할아버지).

▲ 알렌 선교사 부부

▲ 헤론 선교사(2대 원장)

▲ 알렌이 설립한 광혜원(1885)

◀ 아펜젤러가 설립한 배재학당(1885)

언더우드가 설립한 경신학당(1886) ▶

◀ 1886년 메리 스크랜턴 선교사가 세운 이화여학당

▲ 1887년 엘러스 여선교사가 설립한 정신여학당(위 사진은 현재 연지동에 있는 건물)

5. 천민을 상대로 복음을 전하는 서상륜

그렇게 쇄국 정치를 했던 조선이 서세동진(西勢東進)에 밀려 1876년에는 일본과 강화수호조약(江華修好條約)을 맺고 일본과 빈번히 교류하였다. 다시 1882년에는 한미수호통상조약(韓美修好通商條約)을 맺었으며, 이 일로 서양의 여러 나라들과도 통상을 맺을 수밖에 없게 되었다. 그래서 1883년에는 영국과, 1884년에는 이탈리아와, 1884년에는 러시아와, 1886년에는 프랑스와 수교(修交)를 맺음으로 자연히 서양 문물을 받아들이게 되었는데 서양 문화가 본래 기독교에 바탕을 두고 있었기에 서상륜과 김윤방의 세계관은 소래교회, 소래마을 사람들에게 큰 자극을 주었다.

| 천민의 벗 무어 선교사 가족

이미 서상륜은 언더우드 선교사의 초청으로 몇 차례 상경했던 일이 있었다. 그러다 특별히 새문안교회 설립자 중 한 사람인 언더우드의 각별한 배려로 미국에서 입국한 지 얼마 안 된 무어(Rev. S. F. Moore, 한국명 모삼열) 선교사를 만나게 되었다. 무어 선교사는 미국 북장로교 선교사로서 1892년에 가족을 이끌고 내한하여 미국 북장로교 선교사의 거주지가 있는 시내 사직동에 짐을 풀고 우리말을 배우는 등 6개월간 바쁜 일정을 보냈다. 어느 정도 조선어에 대한 실력을 갖추었다고 생각되자 그는 언더우드 선교사를 찾아가 조선인 조사를 추천해 달라고 하였다. 언더우드는 때마침 서울에서 권서로 활동하는 서상륜을 무어 선교사와 함께 엮어주면 좋겠다는 생각에 그를 무어 선교사의 집으로 보냈다.

"선교사님, 언더우드 선교사의 소개장을 갖고 왔습니다."

"네, 제가 무어 선교사입니다. 그렇지 않아도 언더우드 선교사님이 소개를 하더군요."

이렇게 해서 무어 선교사는 언더우드 선교사의 안내를 받고 백정들이 모여 사는 곤당골(현, 을지로 입구 롯데호텔 근방)을 선교기지로 정하였다. 이렇게 빨리 일이 진행되자, 서상륜 권서는 무어 선교사와 함께 곤당골에 모여든 백정들에게 복음을 전하는 한편 이들에게 한글로 된 누가복음서와 기독교 서적을 판매하기도 하였다.

"내일 주일에 예배가 있으니 꼭 출석을 부탁합니다."

서상륜 권서는 곤당골 거리에 지나가는 사람들에게 큰 소리로 "내일 이곳에서 예배를 드립니다."라고 외치곤 했다. 이 말에 귀를 기울였던 백정들은 서상륜 권서의 안내를 받으면서 집회에 출석했다. 1893년 곤당골에서 백정들을 포함해서 16명이 모여 첫 예배를 드린 것이 곤당골교회의 출발이 되었다. 서상륜 권서와 무어 선교사의 헌신적인 노력으로 양반 천민 할 것 없이 계속 사람들이 교회로 모여들자, 자연히 사대문 안에 사는 양반 및 중인들도 곤당골교회에 출석을 하게 되었다. 그런데 어느 날 누군가가 양반을 대표해서 무어 선교사를 찾아왔다.

"선교사님, 우리 양반들은 백정들하고 같이 예배를 드릴 수 없으니, 따로 앞자리를 마련해 주면 좋겠습니다."

"예수님은 양반 천민 구별하지 않고 누구든지 똑같은 인간으로 대하셨습니다."

그래도 양반들은 무어 선교사나 서상륜 권서에게 별도로 앞자리를 마련해 달라고 여러 번 청원하였지만 끝내 거절을 당하고 말았다. 결국 중인들과 양반들 약 50여 명이 홍문삿골(광교 다리옆에 있는 조흥은행 본점)에 집을 마련하고 따로 예배를 드렸다. 무어 선교사나 서상륜 권서는 이 일로 매우 마음 아파했다.

그런데 얼마 동안 예배를 드리다가 그만 그 교회가 화재로 잿더미가 되고 말았다. 이때 중인과 양반들은 이 일을 하나님의 징계로 깨닫고 무어 선교사를 찾아 나섰다.

"선교사님, 이번 홍문삿골 교회당 화재는 분명히 하나님의 징계입니다. 다시 곤당골교회에서 예배를 드리겠습니다."

이렇게 해서 백정들과 양반들 사이에 모든 앙금은 사라지고 모두가 함께 무어 선교사의 설교에 귀를 기울이면서 열심히 신앙생활을 하였다. 후에 갑자기 이 교회가 부흥되자 인사동(仁寺洞)에 예배 처소를 이전하고 승동교회(勝洞敎會)라는 명칭을 갖게 되었다. 그런데 인사동은 불교 본산지 조계종을 비롯하여 많은 사찰들이 자리를 잡고 있던 곳이었다. 무어 선교사는 사찰이 많이 있는 마을에서도 승리하면서 신앙생활을 하라는 의미로서 '이길 승(勝)' '마을 동(洞)' 두 글자를 따서 승동교회라 부르게 되었다. 서상륜은 절간이 많이 밀집해 있는 인사동에서 성경을 배포하면서 무어 선교사의 선교활동을 간접적으로 도왔다.

또 무어 선교사는 서상륜과 함께 마포에 자리 잡고 있는 백정들과 마포 강가에서 고기 잡는 어민들을 상대로 복음을 증거하였다. 바로 이 두 사람의 노력으로 마포에 동막교회(東幕教會)가 설립되었다. 이외에도 무어 선교사는 마포 강에 나가 나룻배를 끌고 다니면서 한강 깊숙이 파고 들어가 복음을 전했다. 서상륜 권서도 열심히 선교사를 도왔다.

이렇게 가정도 잊은 채 열심히 뛰었던 무어 선교사는 결국 너무 무리하여 더 이상 활동하지 못하고 알 수 없는 병에 걸려 1904년에 삶을 마감하였다. 그러자 그의 가족은 더 이상 조선에 머물지 못하고 선교사의 사역이 헛되지 않기를 바라며 눈물을 흘리면서 귀국해 버렸다. 현재 그의 시신은 양화진에 안장되어 있다.

그런데 승동교회에서는 이상한 소동이 일어나고 있었다. 장로를 선출하는데 양반은 낙선하고 '박성춘'이라는 백정이 장로로 선출되자 양반들이 백정을 장로로 모실 수 없다고 결론을 내린 후 1909년 안국동에 안동교회를 설립하고 나가 버린 것이다. 이와 비슷한 사건이 갓바치들이 모였던 연동교회에서도 일어나고 말았다.

1894년 1월 8일, 천민에 속한 갓바치들을 상대로 서상륜 권서가 그래함 리(G. Lee, 이길함) 선교사와 함께 쪽 복음을 배포하면서 종로 연지동에 연동교회를 설립하였다. 그러나 그래함 리 선교사는 1900년 연동교회의 모든 사역을 게일(J. S. Gale) 선교사에게 넘겨주고 평양 선교부로 자리를 옮겨 갔다. 그 후 게일 선교사가 계속 그 지역에서 선교활동을 하였는데 이 교회 설립 초기에 게일 선교사를 도왔던 소래교회 출신 김영옥(연동교회 원로인 김형태 목사 할아버지) 조사는 서상륜의 추천으로 여기에 합세하였다. 이때도 서상륜의 활동은 여전히 성경을 배포하는 일이었다.

연동교회도 게일 선교사와 서상륜 권서의 활동으로 교인들이 증가하기 시작하였다. 1900년에 많은 교인들이 연동교회에 모여들자 장로를 투표할 수 있을 정도로 성장하였다. 이 교회 역시 장로를 선출한다는 당회장 게일 선교사의 1개월 전 예고대로 장로를 선출하게 되었다.

그런데 이상하게도 양반들은 낙선되고 갓바치 출신인 고찬익이 장로로 선출되었다. 이 일로 인하여 연동교회는 얼마동안 술렁이게 된다. 그러다 결국 양반들이 연동교회에서 그리 멀지 않은 종묘 옆 봉익동에 집을 마련하고 1910년 묘동교회를 설립하였다.

6. 소래교회와 매켄지 선교사

1) 소래와 함께한 선교사들

소래에 처음 발을 내디뎠던 선교사는 언더우드였다. 언더우드 선교사는 1886년 7월 11일 북쪽으로 여행하면서 뜻하지 않게 백홍준 권서가 의주 지방에서 전도한 결과로 예수 믿는 사람들을 만나자, 세례받기를 원하는 33명에게 압록강에서 세례를 베풀고 그 후 그 강을 요단강이라 부르기도 하였다. 시간이 지나 1887년 봄, 언더우드 선교사는 로스 선교사의 소개로 다시 소래를 방문하게 되었다. 이번에도 그는 세례 받기를 원하는 20여 명에게 세례를 베풀었으며, 이때 서경조와 그의 아들 서병호도 세례를 받았다. 언더우드 선교사는 자신의 저서인 『The Call of Korea』에서 다음과 같이 언급한다.

나는 씨를 뿌리러 온 것이 아니라 추수하러 왔다.

이미 조선은 심양에 주재하고 있는 로스 선교사를 통해서 북쪽에서 남쪽으로 서서히 성령의 바람이 불고 있었다. 그 결과 의주에서, 또 소래에서 신자들이 자발적으로 예수를 믿겠다고 고백하고 나섰다. 그 후 소래에는 많은 선교사들이 한국어를 배우기 위해서 방문하였고, 여기에 소래교회가 자생적인 교회라는 말에 더욱 자주 찾아들었다. 교회 설립에 많은 공을 세웠던 서상륜은 선교사들이 조선 땅에 발을 내딛자마자 찾아가는 곳이 소래로 명성이 났다는 사실에 기뻐했다. 역시 조선에서 번역서를 발간했던 게일 선교사도 1889년에 어학공부와 한국인의 토속적인 문화를 배우기 위해서 잠시 소래에 머물렀던 일이 있었다.

여기에 그 유명한 '평양 선교의 아버지'라 불리는 마펫(S. A. Moffett)도 1890년 제2차 선교여행 시 서상륜의 안내를 받으면서 평양을 거쳐 의주를 지나 중국 심양까지 여행하였으며, 그곳에서 로스 선교사와 깊은 대화를 나누기도 하였다. 마펫 선교사는 선교 여행을 마치고 귀경(歸京)할 때 소래를 방문하여 많은 것을 배우고 왔으며, 여기에서 힘을 얻어 평양 선교부를 세우고 한국 선교에 큰 공헌을 하기도 하였다.

1889년 7월에 캐나다 침례교의 펜윅(M. C. Fenwick) 선교사가 파송을 받고 평신도로서 4년간 소래에 머물면서 소래교회에 큰 힘이 되었던 일이 있었다. 펜윅은 스코틀랜드에서 캐나다로 이민 온 농부의 아들로 출생하였다. 5세 때 아버지를 잃은 펜윅은 농업에 종사하다가 18세가 되자 자신의 농장을 직접 경영하였다. 그러나 농업에 종사하면서도 깊은 신앙이 그를 이끌었다. 해외에 나가 선교하는 것이 그의 꿈이었고, 자신이 출석했던 침례교회의 맥킨토시의 지도를 받으면서 그 열망은 더욱 뜨거워졌다.

비록 펜윅은 신학을 하지 않았지만 조선의 농촌에 가서 농사를 하면서 선교하겠다는 그 불타는 열정으로 소래에 정착하였다. 26세의 젊은 나이에 서울에 도착하여 근 10개월간 어학연수를 마치고 소래에 들어간 그는 소래교회의 서상륜과 서경조를 만나게 된다. 이때 소래교회에서 목회를 담당하고 있던 서경조의 도움을 많이 받고 조선 농촌에 대하여 깊은 애정을 갖고 삶의 현장으로 뛰어들었다. 그는 소래에서 조선인과 똑같은 한복을 입고 짚으로 엮은 신발을 신고 조선 음식을 먹으면서 초가집에 기거하게 되었다. 자연히 소래교회에 출석하다 많은 농부들을 만나서 이야기

| 한복과 버선을 신고 있는 펜윅 선교사

를 나누는 가운데 자신이 캐나다에서 갖고 온 농산물, 꽃씨, 과수 묘목을 심는 법 등 새로운 농법을 가르쳐 주면서 주민들과는 아주 잘 지내게 되었다.

그러나 사실 그의 활동의 원래 목적은 선교였는데, 선교 지식이 빈약하여 얼마 지나지 않아 한계를 느끼게 되었다. 그는 서경조와 서상륜과 의논한 후 "본국에 가서 신학을 하고 다시 선교사로 오겠다."라는 약속을 남긴 뒤 소래를 떠나게 되었다. 후에 캐나다 침례신학교에서 신학을 마치고 목사안수를 받아 다시 소래에 왔지만 이미 소래에서는 맥켄지(W. J. Mckenzie, 매견시) 선교사가 활동하고 있었기에 자신은 원산으로 이동하여 그곳에서 자리를 잡고 선교활동을 하였다. 그는 그곳에서 '동아기독교(침례교전신)'를 창설하고 침례교회의 첫 선교기지를 만들기도 하였다.

| 펜윅 선교사와 그의 조사들

2) 매켄지 선교사, 소래에 도착하다

1893년 12월, 매켄지라는 선교사가 독자적으로 한국 선교에 임하였다. 매켄지는 1861년 7월 15일 캐나다 달아우지대학에서 1888년 문학사 학위를 받고 1891년 핼리팩스신학교를 졸업하였다. 신학교 재학생 시절, 그는 조선에 관한 서적을 읽고 조선에 선교사로 나가기로 결심하게 된다. 매컬리(E. McCully)는 『조선의 매케인 삶』이란 책에서 다음과 같이 말해 주고 있다.

> 어떻게 해서든지 조선에 가서 직업을 가지거나 노동을 해서라도 조선 사람처럼 하다가 필요하면 본국 교회를 깨우쳐 도움을 청하리라.

그는 조선에서 선교사로 일하려고 하면 다른 직업이 필요하다고 생각을 하고 의학을 공부하였다. 그의 불붙는 듯한 선교 열정은 그 누구도 막을 수 없었다. 미국 예일대학에서 「한국개신교회사, 1832-1910」로 최초로 학위를 받았던 배낙준 박사는 매켄지 선교사에 대해서 다음과 같이 말하고 있다.

> 그는 자기 자신이 저축했던 100불을 내놓고 자기를 조선으로 보내 달라고 캐나다 장로교회에 신청하였다.

그는 그렇게 결심하고 캐나다 동부해안 지역에 있는 메리타임즈 지역 장로교학교 선교협회의 협력으로 독자적인 선교사가 되어 가족, 친지들의 전송을 받으면서 1893년 10월에 캐나다를 떠나게 되었다.

매켄지 선교사의 죽음으로 캐나다 장로교 선교사가 내한하였다

그 망망한 태평양을 횡단하면서 그는 조선을 위해 많은 기도로 준비하다가 드디어 태평양 연안에 있는 일본 요코하마에 도착하였다. 그곳에서 잠시 머물면서 미국 성서공회 총무 루미스(H. Loomis) 선교사를 만나 조선의 정세를 들을 수 있었으며, 조선 선교사 파송에 큰 공을 세웠던 미국 북감리회 소속 맥클레이(R. S. Maclay) 선교사 등을 만나 조선에 대한 이야기를 나누었다.

다시 배에 승선하여 나가사키(長崎)에 잠시 머물렀다가 그곳에서 사역하고 있는 네덜란드 선교사들의 안내를 받으면서 천주교 신부들과 교인들이 순교했던 니시사까(西坂) 사형장을 방문하기도 하였다. 매켄지 선교사는 '나도 저 순교자들처럼 순교할 각오로 조선에 갑니다' 몇 번이고 다짐하면서 다시 승선하였다. 1893년 12월, 드디어 인천 제물포항에 도착하였다. 조선 땅에 발을 내딛었던 그의 심정을, 매컬리(E. McCully)가 저술한 『케이프브레튼에서 소래까지-매켄지 선교사의 생애와 황해도 선교기』에서는 다음과 같이 기록하였다.

항해 중 기도를 드리고 성경을 읽으면서 즐거운 여행을 했다. 내가 선택한 바로 그 땅이 시야에 점점 가까이 오자 나는 나의 헌신이 필요함을 느꼈다. 오! 주님, 저를 주께서 사용하시기에 적합한 그릇이 되게 해 주시옵소서.

제물포에서 하룻밤을 지내고 다시 서울로 향하여 출발하였다. 7시간 후에 서울에 도착하였으며, 때마침 선교사들과 기쁨의 상면을 한 후 그 다음날부터 조선어 교사를 만나 열심히 조선어를 배웠다. 그는 캐나다 출신으로 감리교에서 파송을 받아 평양에서 의료선교사로 활동하고 있는 홀(W. J. Hall)을 만나 그의 제안을 받아들여 드디어 1894년 1월에 홀 의사와 함께 평양을 향했다. 홀 의료선교사는 함께 여인숙에 머물 때마다 간략한 조선어를 가르쳐 주었다. 둘은 엄청난 고생을 하면서 드디어 목적지인 평양에 도착하였다. 평양에 도착 한 매켄지 선교사는 이미 평양에서 혼자서 선교사역을 하고 있던 장로교 선교사 마펫을 만났다. 그는 자신의 선교사업을 소개해 주었다.

지난주에 8명이 세례를 받았다. 진리의 말씀을 갈망하는 이 초신자들은 마을 사람들의 조롱과 핍박에도 불구하고 말씀을 사모했다. 마펫 선교사는 무려 2개월 동안이나 외부 세계와 아무런 접촉이 없던 터라 홀 의사와 매켄지 선교사를 반가이 맞았다.

| 소래에 있는 매켄지 선교사 주택 앞에 서 있는 서경조 조사

매켄지 선교사는 마펫 선교사와 초라한 초가집에서 함께 지내면서 그의 선교의 비밀을 터득하게 되었다. 역시 홀 의료 선교사와도 깊은 교제를 갖고 선교지를 의논하는 과정에서 그들로부터 지역을 추천받았다.

그들은 평양에서 남쪽에 있는 황해도 지역이 선교지로 적합하다고 강력히 추천하였다. 왜냐하면 그 곳은 외국 물자를 구할 수 있는 제물포에서 가까울 뿐만 아니라 그 안에 장연, 해주와 같은 큰 도시들이 있었기 때문이다.

몇 번이고 그들의 이야기를 듣던 매켄지 선교사는 돌아가는 길에 그 곳을 답사해 보기로 하고 평양을 떠났다. 그리고 바로 마펫과 홀 선교사가 말한 대로 서상륜과 서경조가 설립한 소래교회를 찾아 나섰다.
"아저씨, 장연군 소래를 찾아가려면 어떻게 가면 됩니까?"
"장연군 소래요? 더 열심히 걸어가면 소래라고 하는 마을이 나옵니다."
이렇게 해서 밤낮 가리지 않고 열심히 걸어서 그 동리에 도착을 하여 서상륜과 서경조가 설립했다는 소래교회를 찾게 되었다.
"저는 평양에서 마펫 선교사와 홀 선교사로부터 소개를 받고 이곳까지 왔습니다. 여러분의 사역을 돕기 위해서 온 캐나다 선교사 매켄지라고 합니다."
"네, 어서 오세요, 참으로 잘 왔습니다. 도시에서 편히 일하는 길을 마다하고 이런 시골 벽촌에 오시니… 진심으로 환영합니다."
이제 빠른 시일 안에 방을 구해야 했다. 마침 유리 창문이 달려있고 내부가 잘 단장된 매우 좋은 집 한 채가 있었다. 이 집에서 살기로 하고, 추운 겨울의 날씨에도 따뜻하고 편안한 방에서 서상륜 형제와 같이 피곤도 잊은 채 소래교회에 대한 이야기를 나눌 수 있었다. 그가 도착한 역사적인 날은 바로 1894년 2월 3일 금요일이었다. 서상륜 형제는 그에게 주일설교를 부탁하였다.

"선교사님, 이번 주 주일 예배 설교를 부탁합니다."

소래교회 교인들은 뜻하지 않게 매켄지 선교사가 설교한다는 말에 그렇게 좋아할 수가 없었다. 이는 서상륜도 마찬가지였으며, 늘 설교를 담당했던 서경조 조사는 천만 대군을 얻은 듯하여 감사의 말을 수없이 반복하였다. 1894년 2월 6일, 매켄지가 캐나다에 있는 친구에게 보낸 편지 내용은 『케이프브레튼에서 소래까지-매켄지 선교사의 생애와 황해도 선교기』라는 책에 자세하게 소개되어 있다.

> 선교사들이 여행할 때 여기서 통용되는 한 가지 관례는 그들이 먹은 고기가 무슨 고기인지 묻지 않는 것이오. 이러한 관례는 언젠가 어떤 선교사가 여행 중에 그가 먹은 고기가 개고기였다는 것을 안 후부터 생겼소. 그런데 이것은 조선 사람에게는 귀한 음식이며, 따라서 명절에만 먹는 진귀한 음식이라오.

매켄지 선교사는 조선 사람들이 영양 보식으로 먹는 음식인 줄 알고 그 후부터는 보신탕을 맛있게 잘 먹었고, 또 종종 사달라고 하기도 했다. 이에 사람들은 모두 놀라고 말았다. 그는 다시 그 친구에게 다음과 같은 내용을 보냈다.

내가 묵고 있는 집 주인은 친절하게도 나를 위해 만든 조선식 양말, 버선 한 켤레를 나에게 주었소. 실내에서는 참 편안한 것이오. 주민들은 남녀 모두 무명옷을 입지요. 버선은 상당히 따뜻할 뿐만 아니라 솜을 사이에 끼었기 때문에 폭신해서 좋아요.

서경조 조사와 서상륜은 많은 미국 선교사들을 만나 함께 선교 여행을 다녀 보았지만 조선식 한복을 입고 다닌 사람을 본 적이 없었다. 그러나 매켄지 선교사는 아예 소래에 뼈를 묻기로 작정하고 조선인들의 좋은 친구가 되었다. 이에 힘을 얻은 서경조 조사는 그에게 아예 소래교회의 설교를 맡겼다. 비록 매켄지는 우리말에 서툴렀지만 서경조 조사의 도움을 많이 받았으며, 그와 함께 교인들의 심방을 하기도 했다. 그는 심방하면서 새로 알게 된 단어는 일일이 메모해 가면서 열심히 연습하는 열정을 보였다.

3) 소래교회와 협력했던 매켄지 선교사

소래교회 교인들은 항상 대문을 열어놓고 있는 매켄지 선교사와 이야기하기를 좋아했다. 자연히 이러한 관계로 한 주일이 지날 때마다 설교의 내용이 달라지고 깊어지면서 교인들이 자꾸 늘어나고 있었다. 교인들은 주일 예배시간이 다 끝났는데도 집에 갈 것도 잊은 채 찬송을 부르곤 했다. 이는 역시 『케이프브레튼에서 소래까지-매켄지 선교사의 생애와 황해도 선교기』에 기록되어 있다.

찬송을 부르는 저들의 눈에는 눈물이 가득 차 있었다. 고향의 교회에서는 몇 명이나 모여 기도를 드릴까?

선교사는 소래교회 교인들의 찬송소리에 놀라고 말았다. 그가 잠시 서울에 다녀오겠다는 말을 하자 교인들은 혹시 오지 않으면 어떻게 할까 은근히 걱정했다. 매켄지 선교사는 몇 번이고 이곳에 다시 오겠다고 하였지만 좀처럼 믿지 않는 교인들에게 이렇게 말했다고 한다.
"걱정하지 마세요. 나 매켄지는 소래에 내 생명을 바치겠습니다."
교인들은 이 말에 안도하며 매켄지 선교사의 가는 길에 아무 어려움이 없도록 기도했다. 그는 소래를 떠나면서 걸어서 서울까지 갔는데, 이는 도보로 약 일주일이 걸리는 거리였다. 아침 일찍 소래교인들의 전송을 받으면서 떠난 그는 자신의 여행 기록을 상세하게 남겼는데 그 기록을 읽어보면 재미나는 이야기가 많이 담겨져 있다.

여행 도중 동행인들과의 잊을 수 없는 여러 가지 경험을 했다. 물이 불어난 강을 건너고 빈대와 벼룩이 득실거리는 시골 주막에서 자고, 심지어는 개인적인 경건의 시간을 갖는 동안 마을 사람들의 구경거리가 되기도 했지만 모든 여행자들과 즐겁게 대화를 나누면서 나는 서울로 향하여 걸었다.

매켄지 선교사가 서울에 도착한 지 얼마 안 된 어느 날, 미국 공관으로부터 외출하지 말고 집에서 조용히 기도하라는 전갈을 받았다. 당시는 동학농민혁명으로 인하여 외국인의 외출을 금하고 있었던 것이다. 이때 얼마 동안 정세를 관망하다가 어느 정도 안정되는 느낌을 인식했던 매켄지 선교사는 언더우드 선교사 집에 임시로 맡겨 놓았던 짐을 다시 챙겨 소래로 가기 위해서 인천 제물포에 도착하였다.
그는 인천 제물포에서 배를 한 척 빌려서 이삿짐을 싣고 황해도 장연까지 가려 했지만 서울에 있을 동안 그만 일사병으로 꽤 고생했다. 이러한 관계로 장연까지 가는 것은 무리라고 판단한 그는 해주에서 70리나 떨어진 구월산 밑에 있는 작은 어촌에 배를 대고 다시 배를 갈아 탄 후에 소래로 향해 갔다. 그는 배 안에서 선원들과 영혼과 미래에 대한 이야기를 주고받았다.

1894년 10월 10일, 드디어 소래의 모습이 가을 단풍잎 사이로 멀리 보였고, 매켄지 선교사는 어둡기 전에 하선했다. 다행히 이미 연락을 받았던 서경조 조사와 그의 아들 서광호와 서병호가 해변까지 나와서 매켄지 선교사의 짐을 날라주었다.

"선교사님, 소래교회는 계속 신도들이 증가하고 있습니다. 이번 주 예배 설교는 선교사님께 부탁드립니다."

"조사님, 아직 조선말이 서툽니다. 조선말을 잘 배워서 그 다음부터 열심히 도울게요."

서경조 조사는 소래교회를 돕겠다고 돌아온 매켄지 선교사에게 그저 감사할 뿐이었다. 소래교회를 열심히 부흥시키는 일은 오로지 자신의 몫으로 알았는데 매켄지 선교사가 목회사역에 다시 참여한다니 자신감도 얻었고 큰 보탬을 받게 된 것이다. 역시 매켄지 선교사가 소래에 정착한다는 말을 들었던 마을 주민들은 밤이 깊은 줄도 모르고 줄을 이어 방문하였다. 이 중에는 여자들도 끼어 있었다.

며칠 후 매켄지 선교사는 첫 주일을 만나게 되었다. 주일 아침이 되자 흰 옷 입은 많은 사람들이 소래교회에 나왔다. 드디어 예배 시간이 되자 서경조 조사는 단 위에 올라가 열심히 기도를 하고 주일 예배를 진행하였다. 이 날은 다른 때보다 더 많은 기도를 하고 설교를 준비했기 때문에 많은 사람들이 귀를 기울여 열심히 설교를 들었다. 설교가 끝난 후 교회 광고 시간이 되었다. 이때 서경조 조사는 매켄지 선교사를 강단으로 나오라 하여 그를 소개하였다.

"오늘 여러분에게 소개할 선교사는 이미 우리 교회에 한 번 방문한 일이 있는 매켄지 선교사입니다. 이 분은 얼마 전 우리 동네로 이사를 왔습니다. 다음 주부터 저를 도우면서 설교도 하고 함께 노방 전도도 할 것입니다."

이러한 광고가 끝나자 소래교회 교인들은 우레 같은 박수로 매켄지 선교사를 환영하였다. 이날 예배는 주기도문으로 끝나지 않고 매켄지 선교사의 축도로 마치게 되었다. 다시 밤 예배가 시작되었다. 역시 다른 주일 밤 예배와 별다르지 않게 기도와 찬송으로 하나님께 영광을 돌리는 것이었다. 이때 매켄지 선교사는 교인들의 그 열성적인 기도와 찬송소리에 그만 은혜를 받고 말았다. 소래교회에서는 매일매일 기적 같은 일이 하나 둘씩 일어나고 있었다.

4) 십자가 기를 높이 달고

당시 동학도들은 장연 지역에 사는 많은 사람들에게 어려움을 주었지만 후에는 매켄지 선교사의 사랑에 감동되어 기독교와 그들의 사상이 같다는 생각으로 교회에 협력하게 되었다. 이러한 관계로 동학운동에 참여했던 인사들이 소래교회에 많이 몰려오고 있었다. 매켄지 선교사가 열심히 기도했던 일로 인하여 뜻하지 않게 소래마을에 변화의 바람이 일고 있었던 것이다. 선교사는 소래마을에 온 지 1개월이 채 못 되어 밀려오는 사람들을 수용할 수 있는 장소를 찾아 나섰다. 그가 쓴

1894년 11월 6일 일기에는 이러한 기록이 담겨져 있다.

장소를 물색하러 나갔다. 한 마을에 하나씩 있는 것보다는 3개 마을의 중앙에 교회가 위치하는 것이 바람직하다. 3개 마을에서 각각 모임으로 인한 여러 차례의 반복된 모임을 피하고 이에 따른 비용의 낭비 등을 피하도록 장래의 건물을 지어야 한다.

이러한 생각을 갖고 있던 매켄지 선교사는 서상륜 권서와 함께 사람들이 많이 모이는 장연읍으로 나갔다. 그곳에서 서상륜 조사는 매켄지 선교사를 소개하면서 기독교 서적을 선보였다. 의외로 반응이 좋아 서상륜 권서가 그렇게 많이 가지고 온 기독교 서적이 많이 팔려나갔다.

| 소래교회 뜰안에 십자가를 개양하고 교회를 널리 알리었다.

이처럼 매켄지 선교사와 서상륜의 활동으로 소래교회는 계속 성장해 갔다.

어느새 12월이 되자 소래마을은 온통 눈부신 은빛 눈으로 감싸였다. 이때 매켄지 선교사는 하나님의 축복이 소래에 사는 모든 주민들에게 내리고 있다면서 어린아이처럼 좋아했다.

"내일이 주일입니다. 내일 꼭 소래교회에 출석을 하세요. 주일은 안식일이기 때문에 교회에 오기만 해도 복을 받을 수 있습니다."

매켄지 선교사는 소래 주민들에게 더 친근감을 주기 위해서 언제나 한복을 단정히 입고 거기에 두루마기까지 입고 다녔으니, 모든 사람들의 환영과 사랑을 받았다. 소래에 사는 어린아이들은 선교사를 몹시 따라서, 앞다퉈 그를 집에 초대하고 싶어했다. 그가 서툰 조선말을 할 때 아이들은 까르르 웃으며 올바른 단어를 가르쳐 주기도 했다.

이러한 소문이 집에 있는 어머니들과 누나나 언니들에게 전해졌다. 그렇게 매켄지 선교사의 재미나는 조선말에 흥미를 갖고 많은 부녀자들이 부끄러운 모습은 얼굴에서 찾아볼 수 없을 정도로 교회로 모여들기 시작하였다. 매켄지 선교사 때문에 서상륜 형제는 더 바빠지고, 매켄지 선교사의 인기는 가면 갈수록 더 늘어났다. 이 재미있는 선교사는 서울에서 준비해 왔던 서양식 음식은 주민들에게 나누어 주고, 순 조선식 김치에 그 냄새도 고약한 청국장을 아주 잘 먹었으며 언제나 그릇을 깨끗하게 비웠다고 한다.

대개 외국에서 온 선교사들은 자신들이 먹을 음식을 따로 준비해 가지고 다니면서 먹었다. 혹시 그 음식이 떨어져 없으면 교인의 가정에서 음식을 먹을 때 밥을 한가운데만 파서 먹었다고 한다. 왜냐하면 밥

그릇에 파리가 앉았다고 생각을 했기 때문이다. 그런데 매켄지 선교사는 파리가 앉았다 날아간 밥을 먹어도 전혀 병이 나지 않고 더 건강하게 열심히 전도를 했다고 한다.

한편 매켄지 선교사는 그 지역의 영웅 칭호를 받기도 하였다. 이러한 일은 그가 엽총을 가지고 다니면서 산 멧돼지를 총으로 쏴서 잡기도 하고 그 잡은 멧돼지를 구워 사람들을 불러 놓고 잔치를 벌였던 일에 기인한다. 그의 일기를 살펴보면 호랑이가 나타나 마을에서 기르는 돼지를 가끔 물고 산으로 올라간 일도 있었다고 한다.

> 수일 전 호랑이 한 마리가 마을로 내려와 돼지 한 마리를 낚아채어 달아나 버린 일이 있었다. 그래서 나는 그 호랑이가 다시 나타날 것이라고 생각을 하고 엽총을 매고 나무에 올라갔었다. 두어 시간을 기다렸지만 끝내 그 호랑이는 나타나지 않았다.

이러한 일로 인해 매켄지 선교사는 지역 주민들과 아주 친근감을 갖게 되었다. 옆에서 돕고 있던 서상륜 권서나 서경조 조사가 협력을 하지 않아도 주민들이나 교인들과 친근한 대화를 하는 시간을 많이 갖게 되었던 것이다.

매켄지 선교사가 그 지역에서 영웅으로 부상된 후 자신이 믿고 있는 기독교가 세상을 새롭게 변화시킨다는 사실을 각인시키며 또 지역 주민들이 사당에 가서 많은 음식을 바치고 심지어 돈까지 바치는 미신적인 행위를 근절시키고자 생각했던 일이 하나 있었다. 그는 멀리서도 찾아올 수 있도록 하기 위해 흰 바탕에 붉은 십자가를 그린 성조기(St.

George)를 높은 장대 위에 달아 놓고 매일같이 게양했다. 이처럼 십자가기 게양에는 또 다른 뜻이 있었다. 다른 신당(神堂)과는 다르다는 이유로 깃발을 더 높이 달았던 것이다. 매켄지 선교사가 자신의 뜻을 모든 교인들에게 피력했다는 글이 『케이프브레튼에서 소래까지-매켄지 선교사의 생애와 황해도 선교기』에 남아 있다.

교회는 고난 중에도 인내하며 저항하지 않는다.

이러한 의미가 있었기에 붉은 십자가의 기는 고난을 통해서도 승리를 가져올 수 있다는 의미를 갖고 있었다. 이뿐만 아니라, 황해도 지역에 있는 모든 교회들이 이 십자가기를 게양하였다. 이러한 관계로 그 무서운 청·일전쟁에서도 굳건하게 교회를 지켜갈 수 있었다. 매켄지 선교사의 일기에는 다음과 같은 일화도 소개되어 있다.

나는 한적한 곳으로 가서 세상의 죄를 지시고 십자가에서 승리하신 주님께 내 죄를 자복하는 기도를 드렸다. 그 곳은 바로 며칠 전에 제사를 드렸던 흔적이 남아 있는 곳이었다. 하나님께서 언젠가는 이곳을 기억해 주시리라.

1894년 12월 12일 수요일, 한국 교회 사상 최초로 소래마을에 십자가기(St.George)가 세워졌다. 매켄지 선교사는 이 일에 대해서 이렇게 말하고 있다.

주민들은 십자가의 깃발을 달기 위해 많은 수고를 했다. 그 나무는 상당히 먼

산에서 베어 온 것이다. 마을 사람들은 이 기를 세우는 데 자발적으로 봉사했다. 마을 사람들과 동학교도들은 땅을 팠고 줄을 잡아 당겼으며, 곧 깃발이 올라갔다. 성조기가 하늘 높이 올라가는 순간 모인 사람들은 "주 예수 이름 높이어 다 찬양하여라(필자 주, 21세기 찬송가 36장)"라는 찬송을 불렀다. 참석한 모든 사람들은 둘러서서 찬송가를 부르면서 즐거워했다. 이 깃발이 조선의 구석구석, 마을과 마을에 나부낄 날이 언제나 올까?

매켄지 선교사는 그 다음날인 12월 13일 자신의 일기에 이렇게 기록해 놓았다.

동학군 200여 명이 소래를 지나갔다. 그 중 몇 명이 나부끼는 예수의 깃발을 보고 찾아왔다. 이어서 동학군의 지휘관들과 동학 접주들이 찾아왔다.

매켄지 선교사는 이들이 자신을 해칠 줄 알았는데 오히려 이들과 좋은 대화를 나누면서 더 친근감을 갖게 되었으며, 놀랍게도 동학도들이 다른 사람들에게 기독교를 믿으라고 권장까지 했다고 한다. 다른 지역에서는 동학도들이 마을에 진입하여 행패를 부리고 많은 양식들을 빼앗아 갔었지만 매켄지 선교사의 행적을 살펴보았던 이들도 조선 사람들이었기에 오히려 격려를 하면서 소래교회를 잘 돕겠다고 말했다는 것이다. 1894년을 보내고 1895년 3월 3일에는 생각지도 못했던 기적의 사건이 일어나고 있었다. 역시 매켄지 선교사의 일기에 이런 글이 남겨져 있다.

주일날인 3월 3일에는 남자 4명과 이상인이라는 젊은 청년이 한 조를 이루어 오바네 마을에 가서 그의 사랑방을 예배드리는 장소로 사용하는 데 동의하였다.

매켄지 선교사는 이에 힘을 얻고 더 열심히 소래교회를 위해서 헌신하겠다고 몇 번이나 다짐하였다. 이처럼 서상륜 형제의 협력을 잊을 수 없을 정도로 서양인과 동양인이 함께 어울려 가는 그 모습을 모두들 좋게 생각하였다. 이처럼 매켄지 선교사가 지역 주민들과 동학도들에게 존경받고 사랑받는 데는 본국 캐나다 선교부를 통해서 서울에 주재하고 있는 캐나다 의료선교사인 에비슨의 도움이 컸다. 『케이프브레튼에서 소래까지-매켄지 선교사의 생애와 황해도 선교기』에 다음과 같은 내용이 담겨져 있다.

사실상 매켄지 선교사는 말씀을 전하는 일만 아니라 의사로서 큰 명성을 얻기도 하였다. 소래마을의 환자들을 치료하는 일 외에도 멀리서 오는 많은 환자들을 치료해 주었다. 가끔 더 깊은 산간벽지로 왕진을 가기도 했다. 사람들은 그에게 각양각색의 환자들을 데리고 왔다. 중풍, 늑막염, 피부병, 류머티스 등에 걸린 많은 환자들이 그를 찾아왔으며, 대부분의 사람들은 어느 정도 치료받고 낫곤 했다. 치아를 빼는 것은 자주 있는 일이었다.

매켄지 선교사의 사역은 복음만 전하는 것이 아니었다. 그는 소래마을을 비롯해서 인근에 사는 많은 사람들의 좋은 벗이 되었다. 쉽게 이야기하면 영의 양식만 먹이는 것이 아니라 육신의 양식도 공급해 주었던 것이다. 이 일로 인하여 자연히 난을 일으켰던 동학교도들이 매켄지 선교사의 희생적인 삶을 보고 놀란 후 매켄지 선교사가 하는 사역을 지원하고 나섰다. 이 일로 서상륜 형제는 자연히 천군만마를 얻은 것 같은 느낌을 갖고 더 열심히 소래교회를 성장시키는 데 큰 몫을 하였다.

5) 소래교회 건축에 참여한 동학도들

새로 신축할 교회는 하나님의 성전답게 아름다운 한옥으로 결정하고 지붕은 기와로, 다른 부분은 든든한 목재를 사용하기로 했다. 사실 건축비가 문제였다. 그러나 이미 믿음으로 성장했던 소래교회 교인들은 별로 걱정을 하지 않았다. 김대인 목사는 『숨겨진 한국교회사』에 다음과 같이 기록해 놓고 있다.

> 소래마을의 개척자이며 재력가인 광산 김씨 김응기의 장손 김윤방의 다섯째 여동생 김구례가 서경조의 둘째 아들 서병호와 부부가 되었던 관계로 사돈지 간이 되었다. 이러한 관계로 두 집안이 경쟁이나 하듯이 신앙생활에 열심을 다하였다. 김윤방은 예배당 건축에 필요한 목재 전량을 자진 헌납하였는데, 이 목재는 그가 소유하고 있는 선산의 소나무를 간벌한 것이다. 그리하여 예배당 건축 문제는 쉽게 해결되었다. 김윤방의 헌신에 큰 힘을 얻은 교인들은 예배당을 건축할 수 있다는 희망을 갖고 기쁜 마음으로 헌금과 노력 봉사를 자원하게 되었다. 어느덧 교회의 모습이 서서히 윤곽이 나타나자 소래교회 교인들은 더 열심히 일을 하자고 서로 격려했다. 여기에 서상륜 권서가 서울에 머물면서 건축 이야기를 하는 가운데 언더우드 선교사가 자진해서 얼마의

건축 헌금을 하겠다고 말했다. 그러나 서상륜 권서는 딱 잘라 거절하였다. "선교사님, 그 마음은 참으로 감사합니다. 그러나 소래교회 교인들은 자생적 교회라는 데 의미를 두고 있는데 선교사님의 헌금이 거기 포함되면 자생적이란 의미가 퇴색되기 때문에 거절을 합니다."

그런데 말로만 들었던 동학교도들이 장연군에서도 급속도로 성장해 가고 있었다. 얼마 있지 않으면 그 영향이 소래교회에도 미칠 것을 생각해서 매켄지 선교사는 서경조 조사와 단단히 약속을 하고 흔들림 없이 그들을 설득하기로 하였다. 하루는 서경조 조사와 함께 모든 부락민들로 하여금 마을 앞에 모이라고 연락을 하였다. 매켄지 선교사는 갑자기 증가하는 동학교도들 때문에 소래교회에 지장이 있지 않을까 걱정을 하고 있었는데 하나님의 지혜가 떠올랐다. 그는 동학교도와 기독교인들을 잡초와 참나무에 비교를 하면서 강연을 하였다. 『케이프브레튼에서 소래까지-매켄지 선교사의 생애와 황해도 선교기』의 책에 다음과 같은 내용이 담겨져 있다.

그리스도의 온유와 관용을 강조하면서 보복 없이 학대와 증오를 견뎌 내도록 가르쳤다. 그는 그를 찾아오는 동학군들에게 친히 관용의 본을 보여 줌으로 예수님의 사랑을 그들의 마음속에 심어 주었다. 후에는 그를 수색하러 왔던 동학군들까지 환영했고 현명하게 잘 대해 주었다. 그럼으로 어떤 동학군들은 나중에 찾아와서 그들의 무례한 행동을 스스로 억제할 수 있도록 감화를 시켜준 것에 대하여 의심을 하면서도 서경조 조사에게 은밀히 기독교의 평안이 무엇이냐고 묻기도 했다. 기독교에 대한 박해는 독실한 신자들의 믿음을 더욱 강하게 했으며, 그 결과 그들을 통한 예수의 빛은 어두운 곳에 침투해 들어갔다.

서상륜은 다시 서북지방에서 활동하기 위해서 잠시 소래교회를 방문하게 되었다. 소래교회는 1895년 동학농민운동을 겪으면서 오히려 크게 부흥되었다. 이렇게 부흥하게 된 배경에는 서경조 조사의 힘이 매우 컸다. 서상륜 권서는 자신의 동생이 근대화의 물결을 타고 새로운 기독교의 세계를 소래에, 아니 황해도 더 나아가 조선 땅에 펼쳐 하나님의 축복을 불러올 것을 믿고 있었다. 소래교회는 한 주일이 멀다 하고 새 신자가 증가해 가고 있었다. 김대인의 저서 『숨겨진 한국교회사』에는 이런 장면이 나온다.

동학란 후 동학의 접주 이기선을 구출하기 위하여 헌신한 서경조의 행동은 많은 사람들에게 큰 감동을 주었고, 그 때 구출받았던 이기선은 일가친척과 함께 회심하여 소래교회에 나옴으로써 교회가 더욱 부흥하게 된다. 그리하여 주일예배에 200여 명이 모이는 대성황을 이루게 되어 예배당 건축 1년 만에 다시 증축을 할 수밖에 없는 즐거운 고민에 빠지게 될 것이다.

여기에 더해진 매켄지 신교사의 보고에 의하면 동학교도들이 헌금했다는 액수가 정확히 나오는데 이로 인해 다시 한번 놀라운 기적의 역사가 일어나고 있었다. 역시 『케이프브레튼에서 소래까지-매켄지 선교사의 생애와 황해도 선교기』에 자세하게 설명이 나오고 있다.

동학군 2-3명이 300냥, 그들 중에 한 동학군 아내가 50냥, 그리고 동학군의 지휘관이 500냥을 기부하였으며, 하루 동안에 600냥(300달러) 이상이 모금되었다.

이러한 소식이 점점 확산되자, 동학군의 지도자 45명이 예배에 출석을 하게 된다. 이로 인해 소래교회는 더욱 활기를 띠기 시작했다. 소래교회 교인들은 기도의 능력이 있는 서경조 장로(조사에서 1895년 7월 장로 장립)의 기도로 하나님의 축복이 내려졌다고 모두들 좋아하였다.

그들은 소래교회의 증축도 하나님의 축복으로 알고 있는 힘을 다하여 8간을 증축해 나갔다. 이 일로 인하여 소래교회는 16간의 예배당이 되었다. 당시 한국교회의 건축 양식은 대개 기역자(ㄱ) 형으로 되어 있고, 여자 석에는 다시 휘장을 쳐서 설교자도 여자석을 볼 수 없도록 하였다. 그러나 소래교회는 기역자 형이 아니라 일(一)자 형으로 건축하였으며, 남녀를 구별한 좌석을 중간에 휘장으로 가로막았다. 그런데 이제 일자 형 건축에서 한쪽은 숙직실로 사용하고 다른 한쪽은 여성들이 모여서 예배를 드릴 수 있도록 티자(T) 형으로 설계를 하고 증축을 하기로 하였던 것이다. 곧 서경조 장로의 지시와 건축위원장 김윤방 집사의 감독으로 건축이 시작되었다. 흔히들 교회를 건축한다고 하면 건축헌금 부담 때문에 교인들이 감소하는데 소래교회는 그렇지 않았다.

1895년 6월 9일 주일에는 아침 일찍부터 예배준비를 알리는 징을 울렸다. 다시 11시 예배시간이 되면 재차 징을 울리면서 80명이 모여 예배를 드렸다. 6월 17일 주일에는 교인들이 새로 입당한 예배당에 대해서 자랑을 하자 지난 주 결석했던 교인들과 또 호기심을 갖고 온 사람들의 수가 97명이나 되었다.

결국 소래교회 교인들의 열심 있는 기도와 건축 헌금으로 드디어 교회당을 완성하고 1895년 7월 3일에 성대한 봉헌식을 가졌다. 이미 연락을 받았던 언더우드 선교사를 비롯해서 서울과 평양의 많은 선교사들과 장연군 뿐만 아니라 이웃에 있는 많은 교회 교인들이 여기에 참여하였다.

이 일로 소래교회에 큰 경사가 일어났다. 건축에 공이 많았던 서경조는 장로로, 김윤오(김윤방 바로 아랫 동생)와 안제경은 안수집사로 장립을 받은 일이었다. 서경조는 「신학지남」 제7권 제4호(1925. 10)에 다음과 같은 글을 남겼다.

> 이때 교우들의 열심이 불길 일어나듯 하여 동리와 인근에 전도하여 다수가 믿고 나오니 집집마다 찬송소리더라. 이 해 가을에 언더우드 목사가 내려와 교회의 일을 처리하고 직분을 택할 때 내가 장로 피택이 되고, 김윤오와 안제경은 장립집사가 되니라.

여기에 남다른 감회를 갖고 있던 사람이 서상륜이었다. 그는 이때 동생 서경조의 실력을 인정하고, 자신은 더 열심히 권서로서 생을 마치겠다는 굳은 서약을 몇 번이고 하나님께 나짐하였다. 게다가 앞장서서 일을 했던 서경조가 장로 장립을 받은 일과 김윤방 집사의 동생 김윤오가 안수집사가 되고 신앙생활을 시작한 지 얼마 안 된 안제경도 안수집사로 장립받은 일에 대해서 그렇게 좋아할 수가 없었다.

이렇게 정성을 다해 교회를 완공하고 한국의 자생적 교회답게 아무 어려움 없이 헌당식을 치르자 지역 주민, 특별히 대구(大救)면들은 하나님의 큰 구원이 대구(大救)에서 일어났다 면서 더 좋아하였다. 이 일로 인하여 소래교회는 매주가 다르게 신도가 늘어났으며, 이러한 모습에 흐뭇해하던 서상륜은 다시 동생 서경조에게 모든 것을 맡기고 서울로 향하였다.

6) 천국으로 돌아간 매켄지 선교사

그렇게 열심히 소래교회의 건축 일부를 도왔던 매켄지 선교사에게 그만 병이 찾아왔다. 작렬하는 태양 빛과 영양 결핍 등으로 몸에 이상이 오면서 그는 모든 방문자들을 사절하고 병 낫기를 소원하며 누워있었지만, 시간이 갈수록 온 몸이 불덩이처럼 열을 내고 있었다.

"하나님, 제가 아직 조선 땅에서 할 일이 많이 있습니다. 불덩이가 되어 버린 몸을 얼음으로 식혀 주세요."

그렇게 살려달라고 외치면서 그 뜨거운 불덩이 같은 몸으로 매일같이 일기를 쓰는 것이 하나의 일과가 되었다. 어떤 때는 서울에 있는 동료 선교사, 여기에 고향에 있는 가족과 자신을 돕고 있던 선교회 후원자들에게도 서신을 써 보냈다. 그는 애절한 마음을 갖고 떨리는 손으로 어머니에게 편지를 썼다.

"어머니, 너무 보고 싶습니다. (제가 빨리 낫도록) 하나님께 기도해 주세요."

마지막 서신에 이런 내용이 담겨져 있었다. 『케이프브레튼에서 소래까지-매켄지 선교사의 생애와 황해도 선교기』에 실린, 그가 마지막으로 어머니에게 보내는 편지 중 한 토막을 소개하면 다음과 같다.

나의 마음이 더 이상 평안할 수가 없습니다. 예수님은 나의 유일한 희망입니다. 하나님께서 모든 것을 잘 보살펴 주시고 있습니다. 그러나 나는 너무 고통스럽고, 글을 쓰는 것도 몹시 힘이 듭니다.

결국 그의 절친한 친구인 세브란스 병원의 원장 에비슨 박사에게 서신을 써 놓고 부치지도 못한 채 삶을 마감했다. 그의 서재에서 이 편지를 발견할 수 있었다. 내용을 살펴보면 다음과 같다.

일주일 전 저는 60리 정도 떨어진 장연읍에서 타는 듯한 폭염 밑에서 2일간이나 걸어서 간신히 집으로 돌아왔습니다. 그리고 하룻밤은 흰 한복을 입고 한기를 느낄 때까지 밖에 앉아 있기도 하였습니다. 그랬는데 일주일 전부터 열이 나고 입맛을 잃고 힘을 잃었습니다. 더운 물을 가지고 땀도 내고 두꺼운 옷

매켄지 선교사의 무덤과 서병호

도 입어 보았습니다. 그러나 오늘은 밖으로 나가지도 못하겠고 지독한 고통을 느끼고 있습니다. 잠도 잘 수 없습니다. 나를 돕기 위하여 원장님이나 다른 분이 올 수 있겠는지요? **나는 도움이 필요합니다.** 원장님이 할 수 있으면 부디 친구의 생명을 구원하기 위하여 최선을 다해 주시기 바랍니다.

매켄지 선교사는 자신의 병으로 인한 그 고통을 너무 참기 힘들어 서울에 있는 친구의 도움을 요청한 것이었다. 그러나 시간이 흘러갈수록 그의 고통은 점점 더해 가고 있었다. 옆에서 그의 병간호에 최선을 다하고 있는 서경조 조사는 가슴이 찢어지는 고통을 느꼈다. 살려고 그렇게 애쓴 매켄지 선교사는 "주님, 나를 불쌍히 여겨 주시옵소서." 라는 말로 계속 울부짖었지만 끝내 자신을 알았고 "모든 일을 주님의 뜻에 따르겠습니다." 이렇게 최후의 기력을 다하여 힘겨운 작별을 준비했다.

그 고통스러웠던 토요일 밤과 다음날인 주일 아침까지 그는 생과 죽음의 기로에서 투쟁 했다. 곧바로 인생의 고통으로부터의 해방이 서서히 다가왔다. 그 순간 그의 얼굴은 천사처럼 변하여 양 어깨를 펴고 고통도 없는 주님의 나라로 훨훨 날아갈 것이라는 예감을 갖게 되었다. 서경조 조사는 자신의 아들 서병호에게 그의 곁에서 간호하라고 부탁을 하고 교회당으로 향하였다. 이날이 주일이어서 서경조 조사는 슬픈 마음을 안고 주일 예배를 드렸다. 예배가 다 끝난 후 그는 이렇게 광고하였다.

"이미 여러 교우분들은 아시겠지만, 매켄지 선교사의 생명이 위독합니다. 제 아들 서병호에게 곁을 지켜달라고 부탁을 하였습니다."

이 광고가 끝나기가 무섭게 아들이 뛰어들어왔다. "아버지, 선교사님이 돌아가셨습니다." 그 말이 끝나자마자 "우리 모두 매켄지 선교사 주택으로 갑시다." 라는 말을 남기고 서경조 조사는 곧바로 매켄지 선교사가 있는 집으로 갔다. 이때 다른 교인들도 뒤따라 나섰고, 모두들 조용히 입을 다물고 그의 시신을 바라보았다. 이때 서경조 조사는 성경책을 펴들고 "태어나서 한 번 가는 것은 정한 진리입니다. 우리 교회의 성장을 위해서 그렇게 많은 수고를 했는데 주께서 필요하다 하셔서 먼저 불려갔습니다."라고 말했다. 이 설교에 모두들 은혜를 받고 온통 울음바다가 되고 말았다.

이 무렵 예배가 끝나자 소래교회 교인들은 서경조 조사의 인도를 따라 임종 예배를 드렸다. 그리고 조선식으로 3일장을 하고 서해 바다를 바라볼 수 있는 곳에 시신을 안장하였으며, 헌당식이 끝난 후에 교인들의 의견을 모아 그의 묘 앞에 묘비를 세웠다.

전면 Willam John Mckenzie
        Born in Canada, 1861.
        Died in Korea, 1895

뒷면은 한문으로 글을 새겼으며, 이름은 "김세 목사"라 하였다. 결국 매켄지 선교사의 죽음은 헛되지 않아 그 후 소래교회는 매켄지 선교사의 사상을 이어 가자면서 몇 번이고 다짐하였다고 한다. 결국 그의 헌신적인 봉사로 16간의 증축된 건물을 완성하고 헌당식을 거행하였다.

▲ 홀 의료 선교사

▲ 홀 의료 여선교사

▲ 게일 선교사

▲ 에비슨 의료 선교사

7. 매켄지 선교사의 맥을 이어간 캐나다 선교사들

매켄지 선교사의 죽음은 헛되지 않아 조선 선교에 새로운 장을 마련하는 계기가 되기도 하였다. 그의 헌신적인 삶에 감동을 받았던 소래교회 교인들은 매켄지 선교사와 같은 분을 조선에 선교사로 보내 달라고 열심히 기도하였다. 그리고 그가 남기고 간 선교회 보고서, 가정으로 보내려고 했던 유품들을 그의 집으로 보내게 되었다.

매켄지 선교사가 조선 땅 소래에서 삶을 마감했다는 소식을 접한 캐나다 장로교에서는 그냥 보고만 있을 수 없다고 판단을 하고 총회 안에 해외선교부 실행위원회를 소집하여 매켄지 선교사가 사역했던 소래에 선교사를 다시 파송하자는 결의를 하였다.

결국 1897년 10월 캐나다 장로교회 메리타임대회가 개최되었을 때에 조선 선교에 관심을 가진 사람들이 선교사를 파송하기로 했다. 이러

| 매켄지 선교사 무덤과 묘비

한 결의로 캐나다장로회 해외선교부에서는 그리어슨(Dr. R. Grierson, 구례손) 의사 부부, 매레(D. M. MaRae, 구마례), 푸트(W. R. Foote, 부두일) 등 4명을 결정하고, 1898년 9월 이들이 내한함으로써 조선 선교가 시작되었다. 이들 일행들은 매켄지가 활동했던 소래 지방에서 사역을 하려고 하였지만 지역이 너무 좁아 미국 북장로교 선교사들이 활동하고 있던 함경남도 원산에 정착을 하고 조선의 역사와 문화, 언어를 열심히 배웠다.

원산에 머물렀던 선교사들은 어느 정도 의사소통을 할 수 있는 실력이 되자, 원산에 선교 본부를 세우고 함경도 일대를 답사하였다. 그 결과로 1905년 함흥선교부, 1912년 회령선교부, 북간도에 용정선교부를 각각 설립하고 함경남도, 함경북도, 두만강을 넘어 교포들이 모여 살고 있는 중국 동북부 간도 지방까지 맡아 선교사역에 임하게 되었다. 이러한 일은 로스 선교사가 하려고 했던 것이었지만 하나님의 섭리로 캐나다 장로교 선교사들이 내한하면서 그 뜻이 이루어지고 있었다.

해가 갈수록 캐나다 선교사 입국자가 많아졌다. 이들의 명단을 살펴보면, 매컬리(Miss E. A. McCully, 리애리시), 럽(Miss J. B. Robb), 럽(A. F. Robb, 업아력) 부부, 맥도널드(D. A. Macdonald, 매도나) 부부, 프라저(E. J. O. Fraser, 배래사) 부부, 카스(Miss G. L. Cass, 기애시), 로스(A. R. Ross, 노아력) 부부, 맥에천(Miss E. McEachern, 맥애젼), 맥릴런(Miss E. A. McLellan, 마일란), 스코트(W. Scott) 부부, 토마스(Miss M. Thomas), 매컬리(Miss L. H. McCully), 마틴(S. H. Martin, 민산해) 의료선교사 등이다.

이렇게 열심히 선교사역에 임했던 캐나다 장로교 선교부는 1925년 본국 교회 중 장로교, 감리교회, 회중교회 등이 유나이티드 교회로 변동이 있자 캐나다 연합교회 선교부로 명칭이 바뀌게 되었다. 한편, 조선에 나와 있으면서 캐나다 장로교 선교부를 고수하던 선교사들도 있었고 본교회의 영향에 따라 일부 교회가 캐나다 장로교로 남아 있었지만 일단 총괄적인 것은 연합교회가 맡게 되었다. 캐나다 장로교 선교사로 남기를 바라던 대표적인 선교사는 영(L. L. Young, 영재형), 럽, 맥도널드(D. W. McDonald), 배시(F. G. Vesey) 등으로 그들은 한국을 떠나 일본에 있는 재일한국인교회를 위한 선교사로 자리를 옮겨 가게 되었다. 이처럼 매켄지 선교사 한 사람의 삶이 소래에서 마감하자 놀라운 기적의 역사가 일어나 중국 북간도, 일본, 한국 기독교 역사에 영원히 남게 되었다.

| 매켄지 선교사의 사망으로 많은 캐나다 선교사들이 내한하여 함경도와 북간도 지방에서 사역하였다(1925).

▲ 용정 은진중학교

용정 명신여학교 ▶

▲ 캐나다 선교부에서 설립한 간도지방 6개 남여학교를 기념하기 위해서 용정제일중학교 교정에 기념비를 세웠다(왼쪽 세번째가 저자).

저항시인 윤동주 모교에 있는 서시 기념비
(오른쪽 두 번째가 저자) ▶

한국 기독교 선구자 서상륜

▲ 이도백하 한족 교회 신자들과 함께(뒷줄 좌측에서 두번째가 필자)

▲ 삼자애국교회를 이끌고 갈 청년들이 기도하고 있는 모습

▲ 문화혁명 해제로 다시모여 예배드린 조선족교회에서 찬송가를 인도하고 있는 찬양대 지휘자

◀ 함께 찬송 부른 회중들

제3부 | 서상륜의 발자취 173

8. 전라도 고부에서 일어난 동학농민운동

서경조 조사와 서상륜은 서로 주님의 사역을 분담하였다. 이들의 사역은 이미 소개를 하였기에 여기서는 그 이후의 활동을 소개해 보려고 한다. 앞에서도 잠시 언급하였지만 그가 동학군(東學軍)의 접주(接主, 장로교의 노회장, 감리교의 지방 감독에 해당) 이기선에게 협력해 준 일이 계기가 되어 소래마을에 복음이 더욱 확산되게 되었다.

원래 동학농민운동(東學農民運動)은 1894년 1월에 전라도 고부(古阜)에서 발생하였다. 당시 고부 지방은 쌀농사로 유명한 고장이었다. 이때 고부 군수로 부임했던 조병갑은 뇌물을 좋아하는 타락한 군수였다. 두 번째 고부 군수였던 조병갑은 군민의 생활을 돌보면서 군민을 잘 다스려야 하는 본래의 목적에 관심은 없고 뇌물을 어떻게 긁어모아야 하는가에만 눈을 번득였다. 그는 군수로 부임하여 고부군 이평면 넓은 들녘에서 나온 가을 쌀농사를 열심히 추수한 농민들에게 거의 가족의 입에 풀칠할 만한 양식만 남겨놓고 모두 세금으로 거두어 가버렸다. 이러한 사실을 알았던 전봉준은 몇 차례에 걸쳐 세금을 감면해 달라는 진정서를 제출했지만 아무 소용이 없었고 오히려 진정서를 낸 주모자를 색출하여 수없이 곤장을 맞고 풀려나오는 일들이 반복되었다.

어느 날 이렇게 타락했던 조병갑의 둘째 부인인 기생이 사망하였다. 이때 조병갑은 고부 군내에 있는 모든 군민들에게 자신의 첩 기생이 사망했다는 부고장을 돌렸다. 많은 군민들은 "세상에 기생첩이 죽었다고 부고장을 내는 군수가 어디 있단 말인가." 하고 황당해했다. 전봉준 부친인 전창혁은 이러한 부고장을 받고도 어이없는 일이라 여겨

상가에 조문을 가지 않았다. 이 일로 조병갑 군수는 전창혁을 군청에 불러 군졸을 시켜 태형(笞刑)을 가했는데 그러다 그만 전창혁이 사망하고 말았다. 이 일에 격분한 전봉준은 즉시 "이러한 군수 조병갑을 쫓아내야 합니다."라고 고부 군민들을 선동하였다. 그런데 의외로 반응이 좋아서, 그는 군민들이 모인 장소에 나가 일장 연설을 하였다.

"우리 군민의 피를 빨아 먹는 조병갑 군수를 축출해 버립시다. 조병갑의 죄값을 물어야하니 죽창(竹槍)을 만들어 들고 다시 이 자리에 집결하도록 합시다."

이렇게 해서 고부군에 살고 있는 모든 청년들과 농민들은 자신의 뒤뜰에 있는 대나무를 베어 죽창을 만들고 다시 고부 장터에 모였다. 이때 전봉준은 앞장서서 그 죽창 부대를 이끌고 고부군 미곡 창고를 습격하였다. 이때 고부 군민들은 굶고 있는 자신들에게 빼앗은 곡식이 그득히 쌓인 창고 규모에 그만 질겁하고 말았다. 이때 전봉준은 그 창고를 확인한 후 죽창 부대를 이끌고 조병갑 군수가 집무하고 있는 사무실로 쳐들어갔다. 이때 조병갑 군수는 생명의 위협을 느끼고 부하들을 데리고 고부 읍성을 빠져 나갔다.

여기에 힘을 실어 주었던 고부 군민들은 다시 전라도 감사가 있는 전주를 향하여 진격하였다. 고부에서 정읍을 거쳐 김제, 그리고 금구를 지나서 전주 외곽에 도착했는데 이때 전라 감사도 생명의 위협을 느끼자 중앙에 연락을 하고 자취를 감추고 말았다. 이때 전봉준을 따르던 동학군은 전주를 접수하고 삼례를 지나 공주를 향하니 정부는 큰일이 났다 싶어 청나라에 원정군을 요청하게 된다. 결국 이홍장 장군이 이끈 부대가 서해안 아산만에 진주하게 되었는데 이러한 소식을 접한 일본

◀ 일본군 칼에 의해 처형되는 의병들

◀ 일본군이 나무에 매여 달아 죽이는 장면

◀ 십자가틀에 매여 달고 처형시킨 일본 군인들

▲ 서울로 압송되는 전봉준

▲ 일본군에 의해 체포된 청나라 포로병

은 서울과 인천, 부산에 주재하고 있는 일본인 상사 및 영사업무를 보고 있는 일본인을 보호해야 한다면서 제5사단 병력을 파견하여 서울에 상륙하게 되었다.

이 일로 1895년 조선 반도에서는 청·일전쟁(淸日戰爭)이 발발하고 말았다. 이러한 틈을 탔던 동학군들은 서울을 점령하기 위해서 계속 북진을 하고 있었다. 이 소식이 농민들에게 전해지자 그들은 이미 형성된 동학군과 함께 일본 군인과 청나라 군인들을 몰아내야 한다면서 동학군에 가담하여, 결과적으로 각 지방 농촌을 중심해서 동학군 세력이 더 커지게 되었다.

한편 전라도 고부에서 동학농민운동을 지도했던 전봉준은 부하의 배신에 의해 전주 외곽에서 체포되어 서울로 압송되었다. 그는 몇 차례 법정에서 "있는 힘을 다해 농사를 지어 추수기를 맞이하면 지방 관리들이 다 착취해 가는 그런 부도덕한 지방 군수, 관리들을 자세히 조사해서 백성이 보는 앞에서 형을 주어야 합니다."라고 주장했다. 이렇듯 농민들에게 힘을 실어주었던 전봉준은 사형 선고를 받고 1895년 3월에 법정을 벗어나 교외에 있는 사형장에서 이슬로 사라지고 말았다. 그가 남긴 유명한 시 한 수가 있다.

나라를 위한 일편단심 그 누가 알리(爲國丹心誰有知)

비록 그는 삶을 마감했지만 그가 일으켰던 동학농민운동은 전국으로 확산되면서 황해도 장연군에서도 일어나고 있었다. 그런데 이 무렵 이곳에서 서경조 조사에게 협력하면서 소래교회 성장에 크게 기여한 매켄지 선교사는 잊을 수 없는 인물이었다. 동학도를 소래교회에 끌어들이고 그들로 하여금 새로운 개혁운동의 발원지가 기독교라는 인식을 하게 했기 때문에 그들이 스스로 개종하고 소래교회 교인들과 함께 민족 개혁운동을 전개해 갈 수 있었기 때문이다.

9. 총회장(總會葬)으로 고별식을 거행하다

1) 솔직하게 회개한 서상륜

서상륜은 살아오는 동안 험악한 세상을 만났던 일이 한두 번이 아니었다. 이미 밝혔던 대로 그는 청·일전쟁(1894-5), 러·일전쟁(1904-5) 등을 거치면서 죄 없는 백성이 고통당하는 모습을 보고 몇 번이고 하나님께 호소하였다. 결국 전쟁은 다른 나라끼리 한 것이었지만 그 전쟁의 피해는 고스란히 한반도에 사는 조선 백성이 떠안게 되었다. 청·일전

| 고종 황제와 순종 황제

| 민비(명성황후)

쟁이 일본의 승리로 끝나자 한반도에는 일본인들의 시장이 형성되면서 가는 곳마다 일본인들이 마치 자신의 땅인 양 설치고 있었다.

여기에 뜻하지 않은 사건이 서울에서 발생하고 말았다. 1895년 10월 8일 새벽, 궁궐 안에서 명성황후가 일본인 야쿠자의 손에 의해 처참하게 살해당하는 비극이 일어났던 것이다. 청·일전쟁이 끝나고 명성황후가 시해를 당하자 기독교에서는 그냥 있을 수 없다고 판단한 후 1896년 11월 서재필을 중심해서 서대문 밖에 있는 영은문(청나라 사신을 영접했던 자리)을 헐고 그 자리에 독립문 정초식을 거행하고 1897년에 완공하였다. 이날 이 예식에서는 아펜젤러 선교사가 기도를 하였으며, 서울을 중심해서 시민 5,000여 명이 참가하였다. 이러한 광경을 보았던 서상륜은 기독교의 위력이 얼마나 큰가를 깨닫게 되었다. 이때 백성들의 관심은 바로 나라를 사랑하는 일이라고 판단했기에 각국 선교부에서는 1896년 9월 2일 고종의 생일을 맞이해서 각 교회에서 예배를 드리고 종로통에 모여 찬송가를 부르면서 서대문 영은문까지 시가행진을 하였다. 이때 배재학당 학생을 비롯해서 각 기독교학교 남녀 학생들이 다 참여하였으며, 시가행진을 할 때는 이미 교회에서 연습했던 찬송가를 불렀다. 그 중에 대표적인 두 가사만 소개하면 다음과 같다.

우리 황상폐하 천지 일월까지
만수무강
산 높고 물 고흔 우리 대한 제국
하나님이 도우사 독립 부강

1897년 서대문에 설립된 독립문

여기에 윤치호가 작사한 가사가 있다. 바로 현재 우리가 사용하고 있는 애국가이다. 이 가사는 1905년 발행한 『찬미가』에 윤치호 작사로 표기되어 있다. 이미 우리가 잘 아는 가사이지만 여기에 기록을 하면 다음과 같다.

동해물과 백두산이 말으고 달토록
하나님이 보호하사 우리대한 만세
무궁화 삼천리 화려강산
대한 사람 대한으로 길이 보존하세

| 고종 황제 생신 시 서울교회 교인들이 모여 태극기와 십자가를 높이 들고 경축하는 모습

이처럼 기독교는 나라를 사랑하고 임금을 존경하는 종교였다. 그런 의미에서 이러한 가사가 나오게 되었으며, 대한제국은 하나님이 지켜 주신다는 확신을 모든 백성들에게 알리고 다녔던 사람이 바로 서상륜이었다. 그 후 그는 다시 러·일전쟁에서 일본이 승리하자 역시 더 많은 사람들이 일본으로부터 이민 와서 전국을 누비면서 사는 그 모습을 친히 눈으로 확인하였다. 이럴 때마다 오직 예수를 믿어야만 일본 사람들을 이길 수 있다는 확신으로 더욱 열심히 성경을 반포하면서 복음을 증거하였다.

　이러한 일로 인하여 정부의 무능함을 인지했던 백성들은 스스로 의병 운동을 일으켰으며, 이 의병 운동이 조선 백성이 살 길이라는 확신이 각처에 퍼져 의병운동이 확산되었다. 한편 충청도 제천에서 일어난 의병들이 격렬하게 일본군을 저지하자 일본군이 1개 연대를 끌고 와서 그 마을을 불로 태우고 그 불 속에서 살겠다고 헤치고 나온 모든 민간인들까지 학살하는 슬픈 일이 일어나기도 하였다. 이와 같은 일은 전국 각지에서 자행되었다.

　서상륜은 지방을 순회하면서 이런 일들을 친히 목격했기 때문에 더 열심히 복음을 전해야 한다는 소명의식을 갖게 되었다. 자연히 그의 발걸음은 더 바빠졌다. 일본에서는 더 많은 군사력을 동원하여 조선 땅 곳곳에 배치해 놓았다. 서상륜은 이처럼 두 전쟁이 이 땅에서 일어나게 된 것은 무능한 정부의 탓이라고 외치고 다녔다.

　1905년, 을사늑약이 체결되면서 일본은 군사력의 힘을 과시하며 조선 통감부(統監府)를 설치했다. 그리고 이토 히로부미(伊藤博文)가 통감(統監)으로 부임하면서 조선은 더욱 긴장감에 쌓이게 되었다. 이러한 일이 일어난 지 얼마 안 된 9월에 평양 대리회(외국 선교사와 한국인 장로들이 모인 치리기관)에서 길선주 장로는 "회개운동"을 부르짖었다. 이때 서상륜은 회원은 아니었지만 방청객으로 그 모임에 참여하여 함께 참회의 기도를 하였다.

길선주 장로의 회개운동은 각 지역으로 확산되었다. 여기에 힘을 얻은 서상륜은 너무 바쁘다고 하면서도 각 지방을 순회하면서 "예수를 믿어야 나라가 삽니다."라고 외치고 다녔다. 이럴 때마다 서상륜 권서가 가지고 다니는 성경책은 잘 팔려나갔다. 이에 힘입어 당시 베스트셀러가 되었던 존 번연의 『천로역정(天路歷程)』이 게일 선교사에 의해 번역되어 출간되었다. 역시 이 책도 잘 팔렸다. 기독교에 대한 여론이 꽤 좋았던 것이다.

서상륜도 자신의 배낭 안에 신약과 구약을 짊어지고 다니기도 하였으며, 마부를 고용하여 그 마부의 말을 타고 역시 말 뒤에 성경을 가득 싣고 다녔다. 그는 걸어가는 발걸음마다 성령의 인도하심을 믿고 다녔다. 기도하는 중에 중국을 가라고 지시하면 방향을 바꾸어 중국 영구로, 고려문으로, 심양으로 열심히 다녔다. 언젠가 조선족이 많이 모였다는 이야기를 듣고는 간도 지방까지 힘 있게 발을 내디디면서 복음을 전한 적도 있었다. 오직 주님의 얼굴을 그리면서 성경을 읽었던 것이 그의 학력의 전부였지만, 사람이 모인 곳이라면 빼놓지 않고 찾아가서 일장 연설을 할 때 모두들 그의 말에 귀를 기울이고 있었다,

"여러분, 내 말 좀 들어보세요, 내 손에 있는 이 책은 이 세상을 창조하시고, 봄, 여름, 가을, 겨울 사시사철을 주신 그분에 대한 기록을 담고 있습니다."

정부는 결국 서상륜의 실력을 인정하고 민심을 사기 위해서 일반 백성과 기독교인으로부터 인정을 받는 지도자인 서상륜을 포함해서 몇몇의 사람들을 1908년 1월에 선유사(宣諭使)로 임명하였다. 서상륜은 선유사 자격으로 지방을 순회하면서 여론을 들어 보았다. 그런데 백성들은 선유사를 정권의 앞잡이라고 비난했다. 그는 이때 관리들이 얼마나 부패했는가를 알았다. 서상륜 선유사는 즉시 1908년 1월 24일에 발행한 「대한매일신보(大韓每日申報)」에 "내각대신에게 올린 글"이란 제목의 내용을 발표하였다.

> 국가가 불행하야 지방의 소요가 해를 지나도록 쉬지 않고 있어, 이를 근심하면서 중한 책임을 제가 받았습니다. 그러나 본인은 이러한 때에 나라를 구할 마음은 간절하지만 나설만한 인물이 못 됩니다. 예수를 믿은 지는 여러 해가 되었으나, 아는 것이 넉넉지 못하고 다만 일편단심으로 국가를 위하여 기도나 할 따름입니다.

서상륜은 정부로부터 선유사라는 명칭을 받았지만 정작 자신은 하나님의 편에서 내각 이완용을 향해 반성을 촉구하는 글을 「대한매일신보」에 2회에 걸쳐서 호소하였다. 위정자들이 잘못 나라를 다스리기 때문에 민심은 이미 멀어지고 있었다.

서상륜은 민심을 바꾸려고 백방으로 노력하였지만 이미 백성들은 마음이 떠나 있었다. 오히려 정부의 정책을 알리고 돌아다니면 정부의 정책을 전혀 믿지 않는 상태가 되고 말았다. 서상륜은 오히려 내각에 대한 불신이 강하므로 내각 전부가 물러가고 새로운 내각이 들어서야

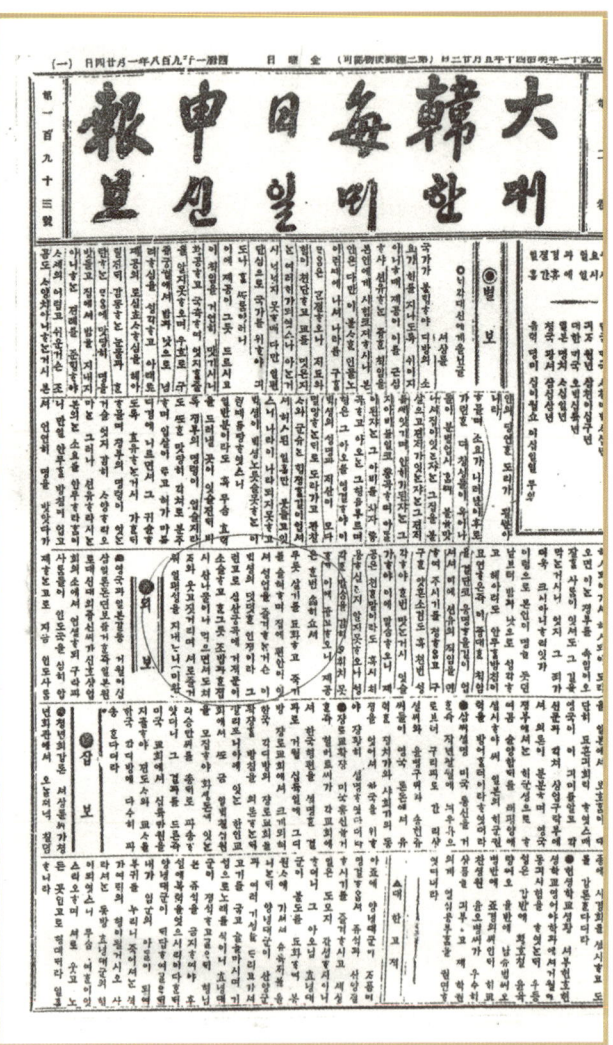

| 서상륜은 정부로 부터 선유사로 임명을 받고 잠시 활동을 하였으나 내각들의 잘못을 안 후 대한 매일신문에 2회에 걸쳐서 총사퇴하라는 글을 발표하였다(1908.1.24.).

한다고 강력하게 주장하였다. 어떤 의병은 서상륜을 보고 다시는 정부의 편에 서지 말고 "참된 신앙인이라면 나라를 먼저 생각하고 애국하는 길을 찾아야 할 터인데 어찌 나라를 구하는 의병운동을 진압하는 선유사로 나서느냐."라는 항의를 하기도 했다. 이때 서상륜은 정부로부터, 의병들로부터도 환영을 받지 못하고 있었다. 1908년 2월 말 황해도 해주에서 의병들을 만났다. 이때 의병들로부터 심한 말을 들은 일이 있었다.

> 일본 병사들의 첩자로 오인을 받아 체포되어 곤장도 수없이 맞았으며, 참된 교인이면 집으로 돌아가 회개하고 남은 생명을 보존하라는 말도 들었다.

이 말에 충격을 받았던 서상륜은 이들로부터 수모를 당하고 곧 풀려나와 회개하고 다시는 정부의 앞잡이가 아니라 "하나님의 앞잡이가 되겠다."고 몇 번이고 다짐했다. 그리고 소래교회로 돌아와 몇 날을 두고 하나님께 호소를 하면서 재충전하여 '예수의 병사'로 다시 권서의 일을 하게 되었다.

2) 총회장(總會長)이 아니어도 총회장(總會葬)을 할 수 있다

서상륜은 선유사(宣諭使)의 직책을 그만두고 「대한매일신보」에 그의 거짓 없는 솔직함을 털어 놓았다.

> 오늘날 이처럼 나라가 어려움을 당하게 된 것은 정부의 탓이다. 내각대신(內閣大臣)들이 일제히 사직하고 물러나와 각 지방에 몸소 내려가 백성들의 눈

앞에서 잘못한 일을 스스로 자복하고 나아간다면 백성들이 감동되어 함께 일할 수 있는 좋은 나라가 될 것이다. 이렇게 하면 나라도 살고 백성도 살 수 있는 좋은 길이 열릴 것이다. 무릇 살기를 좋아하고 죽기를 슬퍼하며, 집에 평안히 있어서 생업을 즐기는 일은 이 나라 백성들의 마음이다. 이러한 연유 때문에 심신 산곡에 거적문이 허술하고 한 그릇의 조밥과 한 접시의 산나물이나 먹으면서도 처자와 함께 울고 웃으면서 일평생을 지냈으면 하는 말을 토하고 그 선유사(宣諭使) 직을 내놓았다.

그렇다. 서상륜은 자신의 잘못을 회개하고 소래교회로 돌아와 옛날 자신이 개척하고 성장하는 그 교회들을 그리워하면서 소래에서 지내기로 결심하였다. 그러나 하나님은 그가 혼자서 평안히 지낼 수 있도록 놔두지 않았다. 그는 다시 성경책과 기독교서적 등이 담겨져 있는 보따리를 챙겨들고 기호 지방으로, 관서 지방으로, 관북 지방으로, 심지어 압록강과 두만강 건너편에 있는 조선족 마을까지 순회하면서 전도운동을 실시하였다. 그러다 더 이상 할 수 없음을 알았던 서상륜은 조용히 하나님과의 대화를 원하면서 낙향하여 날마다 찬송을 부르는 시간을 갖고 지내다가 1926년 1월 그렇게 가기를 열망했던 주님의 나라로 훨훨 날아가 버렸다.

이러한 사실을 알았던 소래교회 당회에서는 곧 그 소식을 황해노회 임원들에게 알렸으며, 임원들은 즉시 모여 다시 총회에 보고했다. 당시 총회장이었던 임택권 목사(평양 서문교회 담임목사)는 바로 소래교회로 내려와서 임원회를 개회하였다. 이때 황해노회장으로부터 그의 행적을 자세히 청취한 후 총회장(總會葬)으로 장례를 집행하도록 하였다. 한국장로교 역사상 평신도를 총회장(總會葬)으로 장례(葬禮) 예식을 거행한 경우는 유일하게 서상륜 권서밖에 없다. 앞으로도 없을 것이다. 현재까지 한국 모든 장로교단 총회에서는 총회장(總會長)을 역임했던 목사, 또는 장로(장로교 통합측 한영제 장로)를 총회장(總會葬)으로 장례(葬禮)예식을 거행하고 있다. 그런데 목사도 아니고 장로도 아닌 서상륜 권서를 총회장으로 거행하는 데는 그럴만한 이유가 충분하였다. 이미 총회임원들은 서상륜 권서의 행적을 너무나 잘 알고 있었기에 그 누구도 반대자가 없이 총회장을 치르는 데 만장일치로 동의했다. 절차에 따라 소래교회에서 고별식 예배를 드리고 그의 유해는 말년에 그가 기거했던 대구면 태탄리에 안장하였다.

| 갓을 쓰고 한복을 입은 베어드 선교사(가운데)가 한국인 전도자인 서상륜(왼쪽), 고학윤(오른쪽)과 함께

그가 주님의 나라로 간 지 10년이 되던 해에 당시 소래교회 담임목사이면서 황해노회장이였던 허간 목사는 황해노회에서 결의하여 총회에 헌의하기로 하였다. 이 결의에 의해 1938년 9월 「제25회 총회록」에 헌의한 내용이 남아 있다. 그 내용을 살피면 다음과 같다.

고 서상륜 선생 기념비 입석보고는 여좌히 받기로 가결하다. 1936년 9월 제25회 총회가 전남 광주 양림교회에서 이승길 총회장의 사회로 진행되었다.

이날 사회를 맡았던 총회장 이승길 목사는 서상륜과는 아주 가깝게 지냈기에 그의 행적에 대해서는 너무나 잘 알고 있었다. 황해노회에서 총회에 상정한 이 안건은 바로 통과가 되었으며, 황해노회에서 모든 계획을 세웠고 경비는 총회에서 200만원을 지원받기로 하였다.

기념비의 규모는 새로 5.5척, 가로 2척, 두께 8척 5분이며 화강석 비석으로 하기로 하였다. 이 모든 일이 순조롭게 진행되어 1938년 8월 24일 기념비를 건립하였다. 이로써 평신도로서 유일하게 총회에서 기념비를 제작하여 건립하기는 처음이고 마지막이었다. 이러한 사실을 보면 그의 삶이 얼마나 훌륭했는가를 잘 알 수 있을 것이다.

10. 소래교회 복원

1) 황해도 소래교회, 6·25 전쟁으로 파괴되다

1950년 6·25 전쟁은 한반도에 엄청난 파괴를 초래했다. 북한 인민군의 갑작스러운 남침으로 곧 서울이 함락되고 여기에 힘을 얻은 인민군은 계속 남하하면서 경상남도 일부만 남기고 온 한반도를 점령했다. 곧 이 땅은 인민군 천지가 되고 말았다. 이 일로 인하여 남한에서는 인민군에 의해, 또한 군경에 의해 선량한 민간인이 수없이 학살당하는 끔찍한 사건들이 발생하였다. 다행히 유엔의 결의에 의해 남한에 유엔군이 상륙하면서 전쟁의 반전을 가하게 되었다.

이 일로 인하여 서울을 비롯한 대부분의 도시들이 전쟁 때문에 엄청난 피해를 보게 되었다. 다행히 1950년 9월 28일 미 극동사령관인 맥아더 장군에 의해 서울이 탈환되면서 전세는 달라지기 시작하였다. 이 때 유엔군은 10월 1일을 기해 후퇴하는 인민군을 추격하면서 계속 북상했다. 당시 북한은 미군의 폭격으로 도저히 살아남을 수가 없었다. 이런 급박한 상황에 북한 인민군은 미국이 기독교 국가이기 때문에 북한에 있는 교회에 피신하게 되면 살아남을 수 있다고 생각했다. 결국 인민군들은 교회로 모두 피신했으나 이러한 정보를 입수한 미군과 유엔군들은 가차 없이 교회당을 향하여 폭격을 가했고 결국 북한에 있는 각 지역의 모든 교회들이 파괴되었다.

이때 바로 한국 최초의 자생적 교회인 소래교회도 폭격을 받고 파괴되었다. 그 후 유엔군과 미군은 평양을 함락하고 다시 신의주와 함경도 성진을 향하여 진격하였다. 이 일로 중국이 위협을 느끼고 의용군을 모집하여 100만 명 이상이 완전 무장하여 압록강을 넘어오면서, 유엔군과 미군은 수에 밀려 소위 1·4 후퇴 작전을 실시하였다. 결국 3년간의 전쟁은 아무 소득 없이 인명 피해와 재산의 큰 손실만 남긴 채 1953년 7월 유엔군과 중국 인민군과의 휴전 협정 때문에 일시적으로 멈추게 되었다. 그러나 이 일로 인하여 남북한의 인명 손실은 이루 헤아릴 수 없었다. 장병욱 목사의 『6·25 전쟁과 한국교회』라는 책에서는 6·25 전쟁으로 인한 인명 손실을 다음과 같이 말하고 있다.

> 이 전쟁으로 남한의 국군 22만여 명, 북한의 인민군 60만여 명, 미군 14만여 명, 유엔군 1만 6천여 명, 중공군 100만여 명의 사상자가 났으며, 여기에 이산가족을 포함하면 1천만여 명이나 피해자가 발생하였다.

여기에 전쟁으로 수많은 북한 출신들이 월남하고 뜻하지 않게 북한에 가족을 남겨둔 채 남하하였기에 1천만 명 이산가족의 아픔은 지금까지 계속 이어져 가고 있다.

2) 경기도 용인시에 소래교회 복원하다

미·소 군정에 의해서 한반도가 분단된 후 북한에서는 1948년 9월 9일 조선민주주의 인민공화국이 설립되었으며, 남한에는 1948년 8월 15일 대한민국 정부가 수립되었다. 이미 소련 군정 하에서 조직된 조선기독교연맹은 김일성의 최측근인 강양욱 목사를 비롯해서 사회주의 사상을 가졌던 일부 목회자들이 참여한 김일성의 어용 단체였다.

이때 조선기독교연맹에 가입하지 않은 목회자들은 각 지역에서 목회할 수 없도록 규제를 받게 되자, 신앙의 자유를 누리기 위해서 6·25 전쟁과 1·4 후퇴를 기해 수많은 믿음의 지체들과 함께 미군과 유엔군의 협력으로 월남하게 되었다. 그 중에도 황해도는 남한과 가까운 관계로 다른 지역에 비해 황해도 출신들이 대거 월남하여 남한에 머물게 된다. 이때 많은 목회자들이 남한의 약한 교회들을 섬기고 또 같은 지역 사람들끼리 교회를 개척하기도 하였다. 이때 장로교회 제도의 하나인 노회에 모두 가입을 하고 그 노회에서 활동을 하였다.

여기에 북한에서 월남한 목사들이 중심이 되어서 피난 노회를 구성하게 되면서 평양노회, 평북노회, 함경노회, 용천노회 등이 재건되었다. 그리고 이 무렵 황해도에서 피난을 나왔던 목사들이 중심이 되어서 황해노회를 재건하게 되었다. 그러나 불행하게도 대한예수교장로회 총회에서는 신사참배를 반대하다가 투옥당했던 사람들을 중심으로 1952년 9월 대한예수교장로회 고신파가 발생하게 되었으며, 1953년 6월에 자주를 부르짖으면서 서울 동자동 조선신학교 강당에서 한국 기독교장로회 총회(기장)가 출범하게 되었다.

그리고 1959년, 소위 에큐메니칼 진영과 엔에이(NAE) 진영으로 교단이 분열되었다. 이 무렵 경기노회에서는 총회를 앞두고 총대 투표를 하는 과정에서 부정이 있다고 하여 당시 노회장 이환수 목사가 책임을 지고, 부회장인 강신명 목사가 총대 투표 사회를 맡아 다시 총대를 선출하게 되었다. 그런데 총회를 앞두고 총회 서기부에 양측(이환수 목사 측, 강신명 목사 측)이 모두 총대 명단을 제출하게 되었다. 그리고 이 해 9월 대전에서 열린 제44회 총회에서 경기노회 총대 등록 문제로 장시간 토론하였지만 끝내 분열되고 말았다. 그리고 소위 경기노회 내의 부노회장 강신명 목사의 지지 세력들은 선교사들과 함께 상경하여 연동교회에서 총회를 속회하고 다시 1960년 2월에 통합 총회를 개최하면서 통합측이 탄생하게 되었다.

같은 경기노회의 노회장 이환수 목사를 지지한 세력들이 일시 정회를 하고 1959년 11월 서울 승동교회에서 분열해 나갔던 고신파와 합세하면서 합동측이라는 명칭이 탄생하게 되었다. 총회 분열로 인하여 자연히 남산(조선신궁자리)에 자리 잡고 있던 대한예수교장로회신학교가 분열되면서 에큐메니칼 노선은 서울 시내 성동구 광나루 장로회신학대학교의 간판을 내걸고 통합측 교역자를 양성하였다.

한편 NAE측, 즉 합동측은 서울 시내 동작구 사당동에 자리를 잡고 학교명을 총신대학교라 지었다. 이처럼 분열되어 나누어진 일은 신학적인 문제보다는 다분히 지역적인 문제와 밀접한 관계를 맺고 있다. 합동측은 주로 황해도 출신들이 맥을 이어가고 있었으며, 통합측은 평안도 출신들이 중심이 되었다.

이러한 합동 측 총회 내에 황해도 세력이 만만치 않게 강하였다. 이러한 연유로 소래교회에 대한 복원 의욕이 남달랐던 것 같다. 황해노회에서는 1984년 한국기독교100주년을 맞이해서 그 사업의 일환으로 소래교회를 복원하는 사업을 추진하게 되었고 초대 위원장에 여준성 목사를 뽑았다. 1984년 4월, 황해노회 제126회 정기노회에서 소래교회를 복원하기로 가결하였다. 복원을 위해서는 장소가 제일 큰 문제였다. 이때 위원회에서는 소래교회를 동작구 사당동에 위치한 총신대학교 구내에 건립하기로 하고 준비하는 과정에서 총신대학교의 허락을 받았지만 그 위치가 접도 지역이어서 당국으로부터 허가를 얻는 데 문제가 될 것 같아 그 일을 포기하게 된다. 이러한 과정에서 1987년 10월 15일 제133회 정기노회에서 여준성 목사가 사의를 표하자 그 위원장직을 김대인 목사가 맡아 수고하게 되었다.

다행히 김대인 목사의 수고로 경기도 용인시에 자리 잡고 있는 총신대학교 신학대학원에 넓은 캠퍼스가 있어서 그 곳에 설립을 추진하게 되었다. 이러한 일로 소래교회 복원 사업은 가속도를 내게 되었다. 김대인 목사는 『숨겨진 한국교회사』란 책에서 다음과 같이 언급하고 있다.

> 1988년 3월 3일 부지작업의 시동 소리가 울리기 시작하여 3월 28일에는 "한국교회 100주년 기업인 소래교회 복원건축 기공예배"가 총신대학교 신대원 캠퍼스 복원 현장에서 노회 산하 교회에서 참석한 400여 명의 성도들과 함께 위원장 김대인 목사의 사회로 성대히 거행되었고, 4월 15일에는 상량을, 9월 30일에는 준공을 하였다. 그리고 10월 13일에 준공 입당예배와 아울러 황해노회 제135회 정기노회가 복원된 소래교회에서 거행되었다.

이렇게 복원된 소래교회는 입구에 '소래교회-松川敎會'라는 돌 안내표시를 제작하여 세워 놓았으며, 뒤쪽에는 옛날 소래교회의 종탑을 그대로 복원하였다. 마당에 들어가는 입구 왼쪽에는 "시험에는 성령도 떤다."는 유명한 말을 남겼던 〈최봉석 목사 순교자 기념비〉가 자리를 잡고 있다. 그리고 그 옆에는 〈한국 기독교 선구자 서상륜 기념비〉, 〈한국 기독교 선구자 이수정 기념비〉가 자리를 잡고 있다. 이처럼 소래교회가 총신대학교 신학대학원에 자리를 잡게 되었으며, 신앙의 새로운 명소가 되면서 "한국기독교성지순례"의 한 코스로 자리를 잡게 되었다. 이 곳을 방문하게 되면 그리 멀지 않은 곳에 〈한국기독교순교자기념관〉이 있어서 은혜가 넘치는 장소가 되리라고 생각된다.

| 총신대학교 신학대학원 캠퍼스 내에 복원된 소래교회

4부
서경조 조사가
목사가 되기까지

4부 서경조 조사가 목사가 되기까지

1. 서경조는 누구인가

서경조는 형 서상륜과 함께 소래에 정착하면서 소래교회를 설립하였다. 1887년 1월에 언더우드 선교사가 로스 선교사로부터 소래교회에 세례받기를 원하는 사람이 있다는 연락을 받고 세례를 줄 때 그도 세례를 받았으며, 이때 서경조의 둘째 아들 서병호(장남은 서광호)도 출생한 지 얼마 안 되어 아기세례를 받았다. 그 후 9월에는 서울에서 최초의 교회를 설립한다는 소식을 듣고 형과 함께 소래교회 교인들을 데리고 서울 정동에 있는 언더우드의 사랑채에서 14명이 모여 언더우드의 집례로 첫 예배를 드렸다. 서울에 잠시 머물렀던 서경조는 다시 소래교회 교인들과 함께 소래에 도착하였다. 서경조가 교회를 성실하게 맡아 수고한 것을 옆에서 지켜봤던 선교사들은 그를 황해도 장연 지역의 조사(helper, 助事)로 임명하게 된다.

그는 1893년 4월에 약 1개월간 미국 북장로교 베어드(W. M. Baird, 배위량) 선교사의 조사로 그와 함께 경상도 대구지역을 비롯해서 양산, 안동, 경주, 울산, 부산, 상주 등지를 순회하면서 전도한 일이 있었

| 서경조 목사 가족 일동(전면 좌측부터 서경조, 서신영, 부인 민유신
후면 좌측부터 서병호, 김구례, 서광호의 처, 서광호의 아들 서재윤, 장남 서광로)

| 서병호(전면), 서광호(좌측), 서경조(우측)

제4부 | 서경조 조사가 목사가 되기까지

다. 그 후 미국 북장로교 선교사로 파송을 받았던 마펫과 미국 남장로교 선교사 레이놀즈를 안내하여 충청도 공주와 청주 지방을 순회하면서 복음을 증거하기도 하였다. 그가 "새로운 시대에 새로운 종교인 기독교를 믿어야 한다."고 외칠 때 생각할 수 없을 정도로 많은 사람들이 주님 앞으로 돌아오고 있었다.

서경조 조사는 다시 고향 황해도로 돌아왔다. 물론 소래교회가 잠시 비어 있을 때는 형인 서상륜이 권서의 자격으로 주일 예배를 인도하였다. 서경조 조사의 선교가 활발하게 진행되면서 여기저기 교회가 새로 설립되었다. 3년 사이에 교회를 45개나 설립했던 것이다. 이 중 27개처는 황해도에 있었다. 여기 『조선예수교장로회 사기』에 기록된 교회 설립에 대한 기록을 살펴보면 다음과 같다.

| 전도하러 떠나는 서경조 조사

곡산읍교회가 성립하다. 그 후 서경조 순행시(巡行時)에 교회가 설립되니라. 장연군 청산교회가 성립하다. 초에 서경조의 전도로 교회가 성립되야 후에 예배당을 건축케 되니라.

서경조 조사는 성경을 부지런히 읽으면서 성경에 대한 새로운 진리를 깨닫게 되었다. 더욱이 1888년 서울 정동에서 모이는 성경공부는 그에게 큰 유익을 주었다. 이러한 일이 있기까지는 언더우드 선교사의 공이 컸었다. 그는 1889년에도 언더우드 선교사가 시무하는 새문안교회에서 1개월가량 성경공부를 했는데 자연히 여기에 참여했던 사람들은 열심히 공부하였다. 1년이 지난 1890년 언더우드 선교사가 자신의 교회에서 신학반을 창설하고 수강생을 모집할 때 서경조 조사도 여기에 참여하였다. 해마다 모이는 신학반은 인기가 대단했다. 1892년에는 16명이 전국에서 모여들었으며, 이때 서상륜도 합세하여 수업을 받았다. 1893년에는 역시 겨울에 서울에서 모이는 신학반을, 평안도에서 왔던 양전백이라는 사람이 구경만 하고 갔었다. 그 후 양전백은 마펫의 조사가 되어 열심히 사역하다가 그의 추천을 받고 평양장로회신학교에 입학하였다.

평양장로회신학교 설립자 마포삼열(마펫) ▶

| 1901년 평양 마포삼열 선교사 사랑채에서 출발한 평양장로회신학교 제1회 졸업생 일동 (1907년). 앞줄 왼쪽부터 한석진, 이기풍, 길선주, 송인서, 뒷줄 방기창, 서경조, 양전백

평양장로회신학교 교수 및 재학생들(앞줄 우측부터 서경조, 송인서, 한석진, 길선주, 양전백)

1908년 미국 맥코믹 여사의 기부금으로 건축한 평양장로회신학교

2. 백령도 중화동교회 설립자

교회가 설립되기 전, 서해에 자리 잡고 있는 백령도에 구출라프 선교사, 토마스 선교사 등이 와서 복음을 전했다는 기록이 있다. 그러나 그 열매는 맺지 못하였다. 그러다 1895년 황해도 내의 동학군 세력이 약화되면서 관군에 편입되었던 허득, 김산철 두 사람이 1년 동안 황해도 장연 체류를 마치고 백령도에 돌아왔다. 당시 백령도는 미신에 찌들어 살고 있는 주민이 대부분이었다. 이미 허득과 김산철은 장연에 체류하면서 소래를 가끔 방문하였다. 이때 소래교회가 이곳에 자리를 잡으면서 많은 주민들이 개화되었고, 그 힘에 밀려 당골이 모두 추방당하여 살기 좋은 마을이 됐다는 이야기를 수없이 들은 일이 있었다.

서경조 장로가 설립한 초대 중화동교회

의식이 깨어 있던 두 사람은 백령도가 근대화의 물결 속에 살아남기 위해 소래교회와 같은 교회가 이 지역에 있었으면 좋겠다는 생각을 갖고 함께 의논하여 소래교회에 연락을 하였다. 때마침 1897년 초 정부 전복을 음모했다가 체포된 김성진, 황학성, 장지영 등이 백령도에 유배되어 있었다. 이들이 이 곳까지 유배되어 오게 된 배경을 알았던 허득은 이들을 중화동으로 불러 이들과 함께 교제를 갖고 장래 백령도 문제로 깊은 토론을 하였다.

　이 중 김성진은 한학자로서 장원급제했던 엘리트였다. 그는 중앙에 있을 때 이미 선교사들의 활동을 유심히 보았고 그들을 통하여 나라가 근대화 되어감을 인식하고 있었다. 그러다 감리교회의 신자인 조카로

| 중화동 포구

부터 성경을 받고 그 성경을 읽은 순간, 자신이 지금까지 익혀온 학문을 뛰어넘는 성경을 보고 깜짝 놀랐다.

허득과 김산철은 주민을 불러 모아놓고 백령도에 새로운 종교인 기독교를 받아들여 이곳에 교회를 세우자고 제안했었다. 이 자리에서 중앙에서 쫓겨났던 김성진도 주요한 부분에 대해서 설명할 수 있도록 했다. 이때 마을 주민들이 "빨리 교회를 설립합시다."라는 의견을 내놓자 허득은 자신이 황해도 장연에 있을 때 소래교회를 방문한 일이 있다고 밝혔다.

"나는 동학란 시 소래교회를 가본 일이 있었습니다. 이미 그들은 개혁적인 힘을 갖고 있었습니다. 마을 전체가 교인임을 확인하고 제가 만일 고향에 돌아갈 기회가 있으면 '교회를 세우겠다'는 생각을 해 본 일이 있었습니다."

허득이 이렇게 연설하자 모두들 동의나 하듯이 큰 박수를 치고 "허득을 우리의 대표로 소래교회에 보냅시다."라는 소리가 소래교회에 들리도록 힘차게 외쳤다. 여기에 힘을 얻었던 허득은 70세의 나이였지만 고향을 살린다는 생각에 곧바로 소래교회를 찾아 나섰다. 그리고 소래에서 멀리서만 바라보았던 서경조가 소래교회당에서 설교하고 있는 모습을 보고 기뻐하며 달려갔다.

"저는 백령도 중화동에서 온 사람입니다. 우리 마을에 교회를 설립하기로 동민들이 결의하였습니다. 그리고 제가 주민 대표가 되어 이곳까지 오게 되었습니다."

"네, 잘 알겠습니다."

이러한 대답을 듣고 곧 허득은 백령도에 돌아왔다. 그리고 허득과 약속했던 서경조는 교회에 광고를 내고 백령도로 출발하여 교인들과 함께 허득의 안내로 백령도 중화동에 도착하였다. 김지현의 저서 『선택받은 섬 백령도』에는 이런 기록이 담겨져 있다.

> 서경조 장로는 육지의 선약지역들에 양해를 구한 다음 몇몇 집사들과 함께 백령도를 찾았다. 이때가 1898년 10월 6일 오전이었으며, 수행한 사람은 홍종욱 집사, 오 아무개 성도, 그리고 여자 전도부인 김씨 등이었다.

이때 서경조 장로는 마을을 돌아보고 잡신을 섬기는 가정이 많아서 깜짝 놀랐다. 초창기 소래교회를 설립할 때 그곳에서도 미신을 믿는 사람들이 많이 있었지만 결국 하나님이 이기고 그 잡신을 섬겼던 무당들은 다 떠나고 말았다. 이러한 사실을 잘 알고 있었기에 중화동교회 교인들에게 간절하게 열심 어린 기도를 부탁하였다. 서경조는 3일 동안 이 마을 저 마을을 순회하면서 개인 전도를 실시하고 첫 예배를 드리기로 하였다. 김지현은 자신의 저서 『선택받은 섬 백령도』에서 이렇게 표현해 놓았다.

> 1898년 10월 9일 드디어 주민들의 자발적인 참여로 한학서당(漢學書堂)에서 역사적인 중화동교회 창립예배를 드릴 수 있었다. 이것이 백령도 교회 역사의 시작이었다.

이렇게 해서 백령도에 중화동교회가 설립되자 서경조 장로는 매일 밤마다 전도 강연을 열었으며, 이때 새로운 신자를 상대하여 성경공부를 실시하는 등 많은 노력을 아끼지 않았다. 백령도에 예수의 혁명이 일어나고 있었던 것이다. 이때 미신을 믿던 많은 주민들이 그 미신을 버리고 예수 앞에 나와 자신들의 소원을 이야기하면 신기하게도 그 소원이 이루어지는 역사가 나타나고 있었다.

그 동안 미신을 섬겼던 사람들과의 약간의 충돌이 있었지만 섬에 있는 주민들이 서경조 장로의 강연을 듣고 미신을 버리고 교회로 모여들었다. 그리고 한학서당은 교인들로 꽉 차 비좁아져서 더 이상 예배를 드릴 수가 없게 되었다. 이때 허득은 서경조 장로와 의논하고 교회를 신축하기로 하였는데 다행히 서경조 장로가 자신이 시무하고 있는 소래교회에 약간의 자재가 있고, 구 예배당을 철거하여 남은 목재들을 쌓아 놓았다가 중화동교회를 신축할 때 그 재목을 사용하여 결국 교회당을 완성하였다. 김지현의 저서 『선택받은 섬 백령도』에 다음과 같은 기록이 있다.

> 1899년 10월 1일 주일에는 교회설립은 물론 예배당 건축을 위해 물심양면으로 지원을 아끼지 않았던 서경조 장로를 모시고 성대한 입당예배를 하나님께 드렸다.

이처럼 중화동교회가 설립되고 건물을 갖고 예배를 드릴 수 있었던 일에 서경조의 공로는 매우 컸다. 중화동교회에서는 2008년 100주년을 맞이해서 인천광역시와 옹진군의 협력으로 〈백령기독교역사관〉을 개관하였다. 그리고 여기에 100년 전에 세워졌던 중화동교회를 복원하려고 준비 중에 있다. 이에 따라 백령도를 새로운 성지로 개발하고 서해

관광(대표: 전민균)과 〈한국기독교성지순례선교회〉(회장: 박경진)의 협력으로 많은 기독교 교인들과 일반 시민들이 백령도를 찾아 나서고 있다. 그 지역민의 85%가 기독교 신자이며, 그 때문에 주일 오후 3시가 지나야 모든 상점이 문을 연다는 것이 특징이다. 또 여기에 특이한 것은 불교 사찰이나 무당이나 미신이 전혀 없다는 것이다. 흔히들 섬에서는 배를 통하여 사업을 하기 때문에 무당들이 설치지만 이곳은 전혀 다르다. 이미 100년 전에 서경조 장로가 이곳에서 귀신을 다 몰아냈고, 많은 장로교회 총회에서 적극적인 지원을 받았던 것이다. 게다가 도둑이 없는 지역, 6·25의 그 무서운 전쟁 중에도 인민군의 협조로 예배를 드렸던 지역이기도 하다. 이러한 관계로 이곳은 좌·우익의 갈등이 없는 특별한 지역이 되었다.

| 초기 중화동교회 종

| 백령기독교역사관(좌)과 백령교회(우)

3. 최초로 축도한 서경조 목사

마펫 선교사가 평양에 선교부를 개설하고 선교활동을 하고 있을 때 이야기다. 그 넓은 관서지방에서 혼자서 사역을 한다는 것은 보통 어려운 일이 아니었다. 이때 마펫은 교역자를 양성해야 한다는 생각을 갖고 1901년 자신의 사랑채에서 방기창과 김종섭 장로를 선발하여 공부를 시작했다. 이것이 평양장로회신학교의 출발이 되었다.

이 신학교는 5년제로서 1년에 3개월만 신학교에서 수업을 받고 나머지 9개월은 목회현장에서 실습하는 시간과 통신으로 과목을 개설하였다. 1903년에는 그 유명한 평양 깡패 이기풍이 입학하였다. 이때 입학했던 학생들 7명 사이에 서경조도 있어 신학을 배우고 있었다. 중간에 편입하는 학생도 있었는데 가령 서울 새문안교회에서 실시했던 신학반에서 수학했던 학생들이었다. 바로 서경조가 여기에 해당되는 학생이었다. 입학했던 학생은 서경조를 비롯해서 한석진, 송인서, 양전백, 방기창, 길선주, 이기풍 등이었으며 제일 먼저 입학했던 김종섭은 개인 사정으로 자퇴하게 되었다.

평양장로회신학교 교수들은 마펫 선교사를 비롯해서, 소안론, 이길함, 전위렴, 안의화, 전위렴, 게일, 배위량, 왕길지, 배유지, 최의덕, 윤산온 등 4개 선교부(미국 북장로교, 미국 남장로교, 호주 장로교, 캐나다 장로교)에서 파송한 선교사들이었다. 어느덧 5년의 과정을 다 이수하고 1907년 6월 20일에 졸업식을 거행했는데 이날 졸업하는 명단을 살펴보면 황해도 서경조(58세), 평양의 방기창(58세), 길선주(40세), 이기풍(40세), 송인서(40세), 의주의 한석진(41세), 구성의 양전백(39세)

등 모두 7명이었다.

이들은 헌법의 절차에 따라 목사고시에 응시하였다. 시험 과목 중 미리 제출하는 과목은 주석 한편과 설교 한편이었다. 모두 두 과목을 고시위원회에 제출하였으며, 고시위원은 14명으로 이눌서 선교사는 신학, 안의화 선교사는 정치, 전위렴 선교사는 교회사, 게일 선교사는 성경, 배위량 선교사는 문답을 맡았다.

고시에 응시했던 졸업생들은 열심히 공부한 결과 결국 전원 합격이라는 통보를 받고 모두들 좋아서 "주님, 주님 감사합니다."를 몇 번이고 외쳤다. 그리고 고시위원회의 합격자 발표가 있자, 곧 목사안수 받을 준비를 하고 있었다. 드디어 1907년 9월 19일 목사 안수위원이 단상에 올라갔으며, 목사안수 받을 이들도 위원들의 뒤를 따라 올라갔다. 이 행사는 대한예수교장로회독노회장 마펫 선교사의 사회로 진행되었으며, 모든 서약을 받은 후 당사자들은 목사안수 위원들의 안수를 받았다. 이때 목사안수 받은 목사 중 서경조 목사가 제일 연장자가 되어 마지막 축도함으로 모든 순서는 끝이 났다. 이어서 안수 받은 목사들의 임지가 결정되었는데 거의가 여러 지역의 교회를 맡은 선교사와 협력하는 전도목사로 임명되었다.

서경조 목사는 황해도 장연, 옹진 지역에서 활동하고 있는 샤프(C. E. Sharp, 사우업) 선교사와 함께하는 전도목사로 파송을 받았다. 다행히 서경조 목사 자신이 순회하면서 교회를 돌아보았던 지역이었다. 임원선거가 실시되자 서경조 목사는 서기로 피선되는 등 대한예수교장로회독노회원으로서는 상당한 위치를 확보했다. 그만큼 다른 회원들이 서경조 목사에 대한 예우를 한 셈이 된다.

서경조 목사는 노회가 끝나자 즉시 자신의 구역인 장연과 옹진 지역으로 돌아가 섬기고 있었다. 그러나 자신의 주택이 소래에 있어서 소래교회를 돌보는 일은 자연스러운 것이었다. 이 일은 자신이 목사가 될 수 있었던 것이 전적으로 소래교회 교인들의 기도와 뒷바라지 때문이라고 믿었다는 것을 단적으로 입증해 주는 바이다.

4. 새문안교회 동사목사가 되다

서경조 목사의 당회구역이었던 장연과 옹진의 모든 교회들은 건실하게 성장해 가고 있었다. 이러한 소식이 독노회에 알려지자 노회 지도자들은 그에게 송화, 은율, 재령 지방을 맡겼다. 그리고 역시 그가 맡았던 당회의 구역은 아무런 이상 없이 모든 교회들이 건실하게 성장해간다는 소식이 전국에 흩어져 있는 노회원들에게 알려지기 시작하였다. 이러한 소문이 언더우드 선교사에게까지 들어가자, 그를 뒷바라지 하면서 신학교육을 시켰던 언더우드 선교사는 서경조 목사를 자신이 시무하고 있는 새문안교회 동사목사로 청빙을 하게 되었다. 차재명 목사의 『사기』에는 다음과 같이 기록하고 있다.

> 1910년에 경성(京城) 신문내교회(新門內敎會)는 선교사 언더우드, 목사 서경조의 노력으로 부흥되어 300여 명의 신도가 합심협력(合心協力)하여 화려광대(華麗廣大)한 예배당을 현 위치에 있는 종로구 신문로에 이전하여 건축함으로 교회가 발전하였다.

| 서병호가 교사로 재직했던 상해인성학교

| 옛 상해인성학교가 상해한국학교로 발전화였다.

서울로 목회지를 이동했던 그는 상경하여 언더우드 선교사를 도우면서 새문안교회에서 사역하였다. 당시 목사가 부족했던 터라 새문안교회에만 남아 있을 수 없었다. 이미 언더우드 선교사가 개척하고 관리했던 경기도 내에 있는 용인, 김포, 파주, 양주 등에 있는 여러 교회를 순회하면서 봄과 가을을 맞이하여 성례전을 집례하는 등 바쁜 나날이 계속되었다.

이러한 가운데서 언더우드 선교사와는 교대로 주일 예배를 인도하기도 했다. 여기에 새문안교회에서 김규식과 차재명 조사를 장로로 장립을 받게 하는데 한 몫을 담당하였다. 그런데 무리한 사역으로 인하여 몸이 쇠약해져서 더 이상 시무할 체력이 없자, 할 수 없이 1913년 62세의 나이로 목회 일선에서 은퇴하였다. 그리고 자신이 오랫동안 목회했던 소래에 내려와 구미포의 그 아름다운 해변가를 산책하면서 요양을 하였다.

그런데 언더우드 선교사로부터 갑자기 연락이 왔다. 새문안교회에서 그리 멀지 않은 안국동에 자리 잡고 있는 안동교회에서 목회하고 있던 한석진 목사가 갑자기 교회 내의 갈등으로 더 이상 교회에 상처를 주기 싫어서 사표를 내고 마산 문창교회로 옮기게 되었다는 것이었다. 한석진 목사는 서경조 목사와는 평양장로회신학교 동기생이자 함께 목사안수를 받았던 동역자였다. 교회 사정을 약간 알았던 서경조 목사는 그냥 설교만 담당하기로 결심을 갖고 상경하였다. 다행히 설교만 전념하기로 하였기에 별 신경을 쓰지 않고 오직 주님께 매달려 기도만 열심히 하였다. 그리고 다행히 수습이 잘 되어 평화가 정착되자 곧 서경조 목사는 다시 소래로 귀향하게 되었다.

| 상해임시정부 요원들이 출석한 상해흥덕당교회

| 현재 상해에 있는 상해한국인교회

| 1919년 4월 상해 임시정부가 있었던 건물(대한민국 임시정부 유적지)

| 2009년 4월 제 90주년 임시정부수립기념 대회가 상해에서 열렸다.

| 상해 임시정부 유적지 관리처

| 상해 임시정부 유적지 안내표적지

5. 상해에서 삶을 마감하다

서경조 목사는 잠시 소래에서 시간을 보내고 있었다. 그러다 아들 서병호가 있는 상해로 향하였다. 그의 아들 서병호는 학교 교사로 생활하다가 1914년 공직을 마감하고 중국에 있는 기독교대학인 금릉대학 철학과에 유학하였다. 서병호는 중국에서 독립운동하는 인사들과 접촉을 하면서 지내다가 1918년 금릉대학을 졸업하고 1919년에 독립운동을 본격적으로 하기 위해서 신한청년당을 조직하고 회장으로 취임하였다.

1919년 4월 13일 상해 임시정부가 출범하면서 그는 같은 고향 출신인 김구 주석의 특별한 배려로 내무위원직을 맡게 되었다. 시일이 갈수록 3·1운동으로 인하여 일제의 극심한 탄압과 감시를 받던 많은 청년들이 상해로 모여들자 그것을 보면서 꼭 독립을 해야 한다는 의지가 더욱 강해졌다.

아들 서병호가 상해에서 독립운동을 하고 있다는 소식을 듣고 서경조 목사는 "내가 가까이 있어서 기도로 동참해야지" 하고 아들이 있는 상해로 향하였다. 이미 서병호는 많은 독립운동단체에 참여하고 있었다. 독립운동가들의 자녀들이 다니는 상해인성학교에서 교편을 잡고 교포들이 관계하고 있는 대한적십자사, 국민대표회 기성회, 교포구제 사업 등 다양한 일들을 해 오고 있었던 것이다. 또 교포들의 교육을 위해서 남화학원(南華學院)을 설립하였으며, 상해 한인 YMCA 이사장, 한교협의회 이사장 등을 맡아 봉사하였다. 상해에 많은 독립운동가들이 모여들다 보니 자연히 한인교회도 설립되었는데, 그 교회에서 장로로 장립을 받기도 하였다.

이러한 아들의 활동을 위해서 기도를 해야 한다면서 서경조는 중국을 향하였다. 아들 곁에서 아들의 활동을 보고 그에게 힘을 보태주기 위해서 매일같이 상해 한인교회에 가서 기도하였던 그는 그러나 한국의 독립을 보지 못하고 고향 하늘, 소래 쪽을 바라보면서 기도하다가 1938년 7월 27일 87세의 나이로 하나님의 부르심을 받고 삶을 마감하였다.

| 서병호의 가족

1 서병호 장로   2 강신명 목사   3 손자 현석   4 이영신 여사   5 딸 옥윤
6 손자 만석   7 손자 원석   8 외손녀 김혜진   9 조카며느리 원정애(김진세의 처)
10 조카 양종신(처제의 딸)   11 며느리 김명진   12 아들 서재현   13 외손자 김춘봉
14 외손자 김춘곤   15 조카 김진세(김규식의 차남)   16 손자 창석   17 손자 경석
18 처제 김필례   19 처제 김순애(김규식의 처)

5부
해서제일학교

5부 해서제일학교

1. 소래교회, 야학당으로 출발하다

　미국 선교사들은 우리나라에서 학교를 많이 세웠다. 1885년 아펜젤러 선교사는 배재학당(현, 배재중·고등학교)을 설립하였으며, 1886년에는 언더우드가 경신학당(현, 경신중·고등학교)을 설립하였다. 그리고 스크랜튼 선교사 어머니가 이화학당을, 1887년에는 엘러스 여선교사가 정신여학당을 각각 설립하였다. 계속 미국과 호주, 캐나다에서 입국한 선교사들은 학교와 병원을 설립하는 데 열심이었다.
　시골 외지 마을 소래도 이러한 영향을 받고 소래교회가 설립된 얼마 후에 교회에서 야학당이 출발하게 된다. 남녀 청소년들이 교회에 오면 문맹인 사람이 많아 성경과 찬송을 볼 수가 없어서 이들에게 한글을 가르치기 위해 시작한 것이었다. 그런데 야학을 다니는 이들의 신앙 성장이 몰라볼 정도였다.
　이 무렵 캐나다에서 파송을 받고 독신으로 내한했던 매켄지 선교사가 단독으로 어학을 배우기 위해서 소래에 오게 되었다. 그도 그럴 것이 서울에 있는 선교사들은 모두 영어를 사용하기 때문에 어학을 빨리 습득하려면 미국 선교사들이 있지 않는 외지로 와야 했기 때문이다.

　매켄지 선교사는 바로 소래를 택하여 오게 되었다. 그리고 자신도 소래교회의 야학당에 다니면서 한글을 익히기 시작하였다. 이러한 야학을 서울에 있는 것과 같은 기독교학교로 설립하겠다는 뜻을 가진 그는 신문화 운동에 적극적으로 참여하였다. 그래서 곧바로 자신의 이름을 따서 소래교회 야학당을 김세학교(金世學校)라 하였다. 그가 자신의 이름을 김세라 하는 까닭은 소래마을에 광산 김씨와 무장 김씨가 많아 부르기 쉽게 김세라 한 것이었다.

　매켄지 선교사는 자신이 설립했던 학교였기에 남다른 애착심을 갖고 학교를 꾸려나갔다. 그러나 자신이 이 학교를 설립했다고 주장하지 않고 이미 이 학교의 모체가 되었던 소래교회 교인들에게 그 공을 돌렸다. 그래서 자연히 초대 교장은 서상륜이 맡았다.

| 해서제일학교 초창기 남녀 학생들(전면 우측 2번째 서병호, 후면 우측에서 2번째 서광호)

그러나 이 학교 설립의 한 몫을 담당했던 매켄지 선교사가 갑자기 요절함으로 모두들 걱정하였다. 그 때 서경조 조사가 그가 살고 있던 주택정리를 하던 중 뜻하지 않게 현금 3,000냥을 발견하게 됐다. 서경조 조사는 소래교회 교인들에게 이 소식을 알렸다.

"그 돈으로 김세학교를 법인으로 만들어 우리 고장 출신들이 서울, 평양으로 가지 않도 록 투자해야 합니다."

이러한 결의에 따라 서상륜, 서경조, 김윤방 3인은 곧 서울로 상경하여 캐나다 선교부에 가서 이러한 사실을 알렸다. 그의 재산권(주택) 사용권을 허락만 해 주면 김세학교를 황해도에서 제일 좋은 학교로 만들겠다고 몇 번이고 다짐하자 선교부의 허락이 떨어졌다. 이들 세 사람은 서울에 있는 몇몇 기독교학교를 방문하고 학교 시설을 돌아본 후 소

| 해서제일학교 출신 김마리아(전면 우측에서 두번째)와 정신여학교 재학생 일동

래로 돌아왔다. 이러한 사실을 소래교회에 보고하자 그 소식이 어느새 장연군에 파다하게 소문이 나게 되었다.

2. 해서제일학교로 발전하다

이들은 캐나다 선교부로부터 사용 허락을 받은 매켄지의 주택과 3,000냥을 갖고 재단에 필요한 재산을 확보하였다. 여기에 소래교회 교인들에게 기부금을 받아 현금을 갖고 학교운영비를 모금하였다. 그런데 의외로 반응이 좋아 어느새 기부금 400냥을 받았다. 1895년 이러한 일이 급속도로 진행되자 모든 서류를 만들어 서상륜, 서경조, 김윤방 등이 황해도 당국으로부터 인가를 얻고 그 학교 명칭을 해서제일학교(海西第一學校)라 하였다.

이로써 이 학교는 황해도에서는 제일 좋은 학교, 제일 먼저 설립했다는 이름답게 열심히 교육을 실시할 것을 선포했다. 이러한 관계로 장연군 일대 재산가들이 기부금을 내놓고 해서제일학교에 시설이 필요해지자 학교의 건물을 소래교회 전면에 건축하기로 하고, 우측은 여학생 교실, 좌측은 남학생 교실로 신축하기로 하였다.

이처럼 교사(校舍)가 완공되자 곧 학생들이 남녀 구별하여 교실에 들어가 공부를 했다. 매 학기가 시작될 때는 유명하다는 인사들을 초빙하여 한국의 시대상을 잘 들을 수 있었다. 대표적인 인사로 안창호와 김구를 비롯하여 여러 인사가 방문했는데, 이는 국가관을 들을 수 있는 좋은 기회가 되었다. 매년 새 학기가 되면 황해도 내에 있는 많은 학교들보다 해서제일학교가 제일이라 하면서 많은 학생들이 몰려왔다고 한다.

3. 해서제일학교의 역대 교장들

초대 교장으로 소래교회를 설립했던 서상륜과 서경조를 빼놓을 수 없다. 초대 교장은 서상륜 권서였으며, 2대 교장은 소래교회의 담임교역자 서경조, 3대 교장은 서경조의 차남인 서병호이다. 그는 소래교회 야학을 졸업하고 상경하여 경신학당을 졸업한 후 해서제일학교 교사로 출발하였으며, 안창호가 설립한 평양 대성학교를 거쳐서 해서제일학교로 돌아와 3대 교장을 역임하였다.

제4대 교장은 김응순 목사로서 평양에 있는 장로회신학교를 졸업하고 목사 안수를 받은 후 소래교회 목사로 부임하면서 교장직을 겸임했다. 그 후 김 목사는 장로교단의 총회장을 역임하기도 했다. 제5대 교장 안경화는 소래교회 출신이며, 이 교회의 서리집사, 안수집사를 거쳐 장로가 된 후 교장으로 취임하였다. 제6대는 소래교회 장로인 홍종옥이 취임하였으며, 제7대 교장은 김구련 소래교회 장로로 후에 목사가 되었다. 마지막으로 이진희 장로도 소래교회의 장로로 시무하였으며, 이승철 목사의 장남으로 일제의 혹독한 시절에 교장으로서 그 학교의 전통을 지키기에 무던히 애를 쓰기도 하였다.

해방을 맞이할 때 이 학교 이영혁 여교사는 집에 감춰 두었던 태극기를 들고 나와 즉시 그리게 한 후 그 태극기를 들고 나와 소래 거리를 행진하며 대한독립만세를 부르면서 시가를 행진했던 일도 있었다. 그러나 불행하게도 이 학교는 6·25 전쟁을 만나 문을 닫았다가 미군의 폭격을 받으면서 소래교회와 함께 전소되는 비극을 만나고 말았다.

4. 걸출한 인물을 배출한 해서제일학교

해서제일학교 출신들 중 여장부가 몇 명 배출되었다. 그 중 김함라(金函羅)는 소래교회 안수집사 김윤방의 첫째 딸로 출생하였다. 해서제일학교를 졸업하고 서울 정신여학교를 졸업한 그는 잠시 광주수피아여학교 교사로 있을 당시 광주 숭일학교 교감으로 재직하던 남궁혁(南宮赫)을 만나 결혼하였다. 남궁혁은 미국 유학을 마치고 와서 평양 장로회신학교 교수로 재직했다. 일제 말엽 신사참배 문제로 학교가 폐교되자 즉시 중국 상해에서 독립운동을 하다가 해방이 되자 귀국하였다. 그리고 한국 NCC를 재건하고 총무 일을 보는 중에 6·25 전쟁을 만나 납북되어 북한에서 생활하다가 그곳에서 생을 마감하였다. 부인 김함라 여사는 통일이 되면 남편 곁으로 가기를 그렇게 소원하였지만 끝내 그 소원을 이루지 못하고 서울 연동교회 권사로서 삶을 마감하였다. 그들의 둘째 딸이 김미색이고 셋째 딸이 그 유명한 김마리아 여사인데 딸밖에 없는 김윤방 집사의 가문에 김윤방의 동생 김윤오 집사의 아들이 양자로 입적하였다.

　이 중 김마리아는 소래에서 낳은 명사이며, 독립운동가이다. 역시 해서제일학교의 자랑스러운 인물로 부각되었다. 그녀는 우리가 한국 독립운동사에서 영원히 잊을 수 없는 대표적인 인물이다. 1892년생으로 서경조 조사의 신앙지도를 받으면서 유아시절을 보내다가 해서제일학교를 이수하고 서울 정신여학교에 진학한 그는 그곳에서 교육을 다 마친 후 도일(渡日)하여 미국 북장로교에서 설립한 기독교학교인 동경여자학원(東京女子學院) 고등과에 진학하였다. 때마침 동경에서 일어난 2·8 독립선언에 참가하여 만세를 부른 후 일시 귀국하여 전국을 누비면서 독립운동 사상을 고취하다가 일경에 체포되어 얼마 동안 서대문형무소에 수감되었다. 그 후 병원에서 수감 치료를 받다가 중국으로 탈출, 도미(渡美)하여 미국에서도 독립운동을 하였으며, 선교부의 협력으로 미국 콜롬비아대학과 뉴욕신학교에 입학하여 연구생활을 하다가 석사학위를 받고 귀국하였다. 원산에 있는 마르다신학교 교수로 재직하면서 여전도회전국연합회 회장직을 맡아 여성 계몽운동에 앞장서기도 하였다. 주님의 나라를 위해 헌신했던 그는 결국 1943년 52세의 나이로 삶을 마감하였다.

　또 이 학교 출신 중 김필례는 1891년에 김윤방의 막내 동생으로 소래에서 출생하였다. 그도 역시 해서제일학교를 졸업하고 정신여학교에 진학하였다. 다시 동경으로 유학하여 동경여자학원(東京女子學院) 고등과에 진학하였고 모든 과정을 마친 뒤 도미하였다. 그곳에서 있다가 귀국하여 광주 수피아여학교 교사로 재직 중 광주 제중병원 의사인 최영욱 박사를 만나 그곳에서 결혼하였다. 그의 남편 최영욱 박사는 해방 후 미군정(美軍政)하에서 전남도지사를 역임하였으나 불행하게도 6·25 전쟁 시 광주에서 인민군에게 체포되어 학살을 당하고 말았다. 그 후 김필례 여사는 정신여자고등학교 교장으로 재직하면서 여전도회전국연합회장으로 활동하였다.

또 김마리아의 고모인 김순애는 소래교회 출신으로 해서제일학교와 정신여학교를 졸업하고 중국 금릉대학(金陵大學)에서 유학하였으며, 그곳에서 김규식 박사(상해 임시정부 입법원장)를 만나 결혼하였다. 김순애는 역시 여성으로써 독립 운동에 참여하였다. 또 여자로서 빼놓을 수 없는 홍은윤, 최죽임은 각각 신학교를 졸업하고 여성 근대화 운동에 크게 기여하였다.

이 여성들 못지않게 또 빼놓을 수 없는 인물들이 많다. 소래 출신인 김필순은 김윤방의 셋째 동생으로 의사로서 활동을 하였다. 해서제일학교를 졸업하고 언더우드 선교사의 배려로 그의 집에 머물면서 배재학당을 거쳐서 세브란스의학전문학교를 졸업하고 소래 출신으로서는

| 해서제일학교 출신 김함라 (남궁혁 박사 부인) 가족일동

의사 1호로 남게 됐다. 역시 같은 세브란스의학전문학교 1회 졸업생인 홍종은도 김필순과 같은 해서제일학교 출신이다.

서씨 집안에서도 빼놓을 수 없는 인물들이 배출되었다. 서경조의 장남 서광호 역시 해서제일학교를 졸업하였다. 세브란스의학전문학교 교장이면서 세브란스 병원 원장인 에비슨(O. R. Avison)은 1896년 소래에 방문할 일이 있어 이때 서경조의 집에 머물면서 얼마간의 시간을 보냈다. 서경조는 그에게, 장남 서광호는 목사가 되었으면 좋겠고 둘째 서병호는 의사가 되었으면 좋겠다고 얘기하였다. 결국 서경조의 두 아들들은 에비슨 원장 집에 기거하면서 경신학교를 다녔다. 그 후 서광호는 곧바로 세브란스의학전문학교에 진학하여 의술을 배운 후 1911년 졸업(제2회)하여 의사가 되었고 둘째 아들 서병호는 목사가 되지 않고 교육계에 투신하였다.

역시 소래교회 출신인 박헌식이란 청년도 세브란스의학전문학교 출신으로 의사가 되었다. 특별히 김명선 박사도 소래교회 출신으로 세브란스의학전문학교를 졸업하고 의사로서 도미하여 의학박사 학위를 받고, 귀국하여 연세대학교 부총장을 역임하였다. 그는 한국에서 최초로 시신을 기증하여 유명 인사가 되었다. 이외에도 의사로서 활동을 했던 소래교회 출신 조광현, 최창수, 홍순각, 박상근 등은 의학박사가 되어 많은 사람에게 의술로 봉사를 하였다. 서상륜의 무남독녀인 서윤애는 홍덕수를 만나 결혼하였는데 홍덕수도 세브란스의학전문학교에 진학하였으며 의사로 봉사하였다. 서상륜의 외손으로는 4남매가 있었으며, 그 중 장손녀가 백령도로 출가했다. 다른 외손들은 황해도 어느 곳엔가 남아 있을 것으로 짐작된다.

서상륜 徐相崙, 1848 ~ 1926

한국개신교 개척자
성서번역자 · 권서인

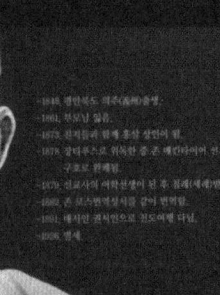

- 1848, 평안북도 의주(義州)출생.
- 1861, 부모님 잃음.
- 1873, 친척들과 함께 홍삼 상인이 됨.
- 1878, 장티푸스로 위독한 중 존 매킨타이어 선교사의 구호로 완쾌됨.
- 1879, 선교사의 어학선생이 된 후 침례(세례)받음.
- 1882, 존 로스번역성서를 같이 번역함.
- 1884, 매서인 권서인으로 전도여행 다님.
- 1926, 별세.

● 서상륜 Seo Sang-Ryun

성서 번역을 도왔던 서상륜(徐相崙, 1848~1926)은 성서를 팔거나 권하는 권서인으로 활동하였으며 우리나라 최초의 피택 장로가 된 인물이다. 그는 존 매킨타이어 선교사의 도움으로 병을 이겨내는 동안 복음에 관심을 갖게 되었다. 그 뒤 존 로스 선교사의 어학선생으로 일하면서 깊은 신앙을 얻었고, 1879년 침례(세례)를 받고 기독교인이 되었다. 존 로스와 존 매킨타이어를 도와 신약성서를 번역하기 시작한 서상륜은 외국선교사가 우리나라에 입국하기 3년 전인 1882년 가을에 이르러 '쪽복음' 형태로 '예수성교 누가복음전서'를 출간하였다. 이어 1884년 '예수성교전서 마태복음'과 '말코복음'을 중국 심양의 문광서원에서 간행하였고 1887년에는 '로스역성서'라 불리는 '예수성교전서'를 펴냈다.

Seo Sang-Ryun was the first elected elder in the Korean church history. At the age of 31, John McIntyre cured him when he was ill. This led him to have faith in Jesus. Later, Seo met John Ross, and they became close instantly. Seo taught Korean to the missionaries, while Ross enlightened him with the Christian faith. In 1879, Seo was baptized to become a Christian. He published "Corean New Testament-Gospel of Luke," "Corean New Testament-Gospel of Matthew," "The Book of Mark," and "Corean New Testament-translation by Ross."

부록

부록

1. 한국 기독교 선구자 서상륜과 이수정 기념비 발기인 대회

| 한국 기독교 선구자 서상륜·이수정 기념비 건립 발기인 대회 앞줄전열 우측부터 리진호, 김경례, 박경진, 정영관, 윤춘병, 김순권, 신세원, 김수진, 백수복

〈한국기독교성지순례선교회〉는 한국 기독교 120주년을 맞이해서 2004년 4월 11일 진흥문화(주)의 창립자인 박경진 회장은 설립기금으로 자산 중 1억 3천만 원을 희사하면서 출발하게 되었다. 우선 박경진 회장은 한국교회를 통하여 진흥문화(주)가 크게 성장하였는데 이 감사를 한국교회에 환원할 수 있는 길이 없을까 기도하던 중 이스라엘에서만 성지순례를 할 수 있는 것이 아니라 한국에도 기독교 성지가 많이 있음을 확인하고 여기에 투자를 하게 되었다.

　2004년 4월 12일, 박경진 회장의 회사인 진흥빌딩 5층 회장 사무실에서 고문, 이사, 전문위원 등이 모여 선교회를 조직하였다. 그 조직을 살펴보면 다음과 같다.

고　　문 : 김경례, 윤춘병, 정근모
회　　장 : 박경진
사무총장 : 은춘표
이　　사 : 곽노홍, 김계현, 김득연, 김병모, 김병삼, 김영소, 김항재,
　　　　　남상학, 박경진, 박상철, 반환창, 안기초, 은순기, 은춘표,
　　　　　이규실, 이상범, 이영주, 이진호, 이창용, 임선재, 임성철,
　　　　　전 윤, 전종인, 황인수
전문위원장 : 김수진
총　　무 : 백수복
전문위원 : 김수진, 리진호, 박귀용, 박명수, 박선경, 박정규, 박천일,
　　　　　박형규, 백수복, 송현숙, 유명애, 이덕주, 이명숙, 이성필,
　　　　　이종무, 장영학, 전재규, 정헌홍, 황기식

이처럼 〈한국기독교성지순례선교회〉가 중심이 되어서 2006년 5월 16일 (화) 오전 11시 한국기독교회관 2층 예배실에서 300여 명이 모인 가운데 한국기독교 선구자 서상륜 · 이수정 기념비 건립 발기인대회를 개최하면서 김수진 목사의 저서 『한국 기독교 선구자 이수정』의 출판기념회도 함께 갖게 되었다. 이날 순서는 다음과 같다.

제1부 : 예배 및 출판기념회　　　　　　　사회 : 백수복 목사
　　　　　　　　(한국기독교성지순례선교회 전문위원회 총무)

개 회 사 ─────────────────── 사 회 자
신앙고백 ───────── 사도신경 ───────── 다 같이
찬　　송 ───────── 273장 ───────── 다 같이
1. 저 북방 얼음산과 또 대양 산호섬 저 남방 모든 나라 수많은 백성들
　 큰 죄악 범한민족 다 구원 얻으려 참빛을 받은 우리 곧 오라 부른다
　　　　　　　　　　　　　　　　　　　(집필자 주, 이하 생략)
개회기도 ───────── 여의도순복음교회 김상길 목사
성경봉독 ───────── 여호수아 4 : 1-9 ───────── 사 회 자
설　　교 ─ 훗날에 너희의 자손들이 묻거든 ─ 서울신서연구원장 정영관 목사
기념비 건립취지 설명 ───────── 선교회 전문위원장 김수진 목사
축　　사 ───────── 예장 증경총회장 김순권 목사
한국 기독교 선구자 이수정 서평 ─ 총신대 기독교박물관장 신세원 목사
인사광고 ───────── 한국기독교성지순례선교회장 박경진 장로
축　　도 ───────── 한국교회사가 윤춘병 감독

제2부 : 발기위원회　　　　　　　　　위원장 : 김수진 목사

기념비건립 경과보고 ──── 한국기독교성지순례선교회장 박경진 장로
결의안건 ─────────────────── 다 같이
　　　1) 기념비 건립위원회 조직
　　　2) 기념비 건립 제막행사개요
　　　3) 기념비 제막식 행사와 순서담당자
　　　4) 기타
오찬감사기도 ──────────── 한기총 사무총장 정연택 장로

기념비 건립 계획안

1. 취　지

　　한국 기독교 선교 역사의 초석을 이루며 빛나는 업적과 흔적을 남긴 선구자 서상륜과 이수정의 숭고한 뜻을 기리며 동시에 이들의 선구자적인 정신과 신앙을 우리 국민에게 널리 알리고, 이를 계승하여 한국복음화와 세계선교에 열정적인 기폭제의 계기로 삼아 선구자들의 빛나는 업적을 기념비로 건립하여 한국 기독교 역사에 큰 교훈을 남기고자 하는 것이다.

2. 목　적
　　1) 서상륜 소래교회 설립 122주년 기념, 이수정 순교 120주년 추모기념사업
　　2) 초기 한국 기독교 역사의 중요성 부각

3) 한국 기독교 전래사건의 회고와 기념
4) 한국 기독교 성도의 주체성 확립
5) 선구자의 업적을 계승하는 기념사업의 모델 제시
6) 선구자의 정신을 부각하여 시대의 경각심 고취

3. 사업개요
1) 선구자 이수정 역사정리, 전기출판
2) 선구자 서상륜 역사정리, 전기출판
3) 서상륜, 이수정 기념비 건립

4. 추진일정
1) 기획안협의 : 2005. 1. 10-12. 30
2) 기획안검토 : 2006. 1. 5-2. 1
3) 발기인 준비위원회 : 2006. 4. 25
4) 이수정 전기 출판 : 2006. 4. 15
5) 기념비 제작 : 2006. 6

5. 기념비 건립 제막식
1) 발기인 대회 및 선구자 이수정 출판기념회 : 2006. 5. 16. 11시
   장소 : 종로5가 한국기독교회관 2층 예배실
2) 기념비 건립 제막식 : 2006. 6. 20. 11시
   장소 : 총신대학교 양지 캠퍼스 소래교회

기념비 건립위원 명단

발기인 대회 준비위원장 : 김수진

위원 : 감경철 외 167명(집필자 주, 명단 생략)

실행위원 :

김경래, 김수진, 남상학, 류재하, 박경진, 박상철, 박선경, 박정규, 박천일, 박형호, 백수복, 송현숙, 유명애, 윤춘병, 은춘표, 이명숙, 이성필, 이종무, 임성철, 장영학, 전재규, 정헌홍, 최석환, 허윤재(가나다순)

2. 한국 기독교 선구자 서상륜과 이수정 기념비 건립예배 및 제막식

한국 기독교의 두 선구자 서상륜과 이수정 기념비 제막식은 2006년 6월 20일(화) 오전 11시 경기도 용인시 추계리에 자리 잡고 있는 총신대학교 신학대학원 캠퍼스 내에 복원된 소래교회 뜰 안에서 거행되었다. 이날 진행된 순서를 살펴보면 다음과 같다.

한국 기독교 선구자 서상륜

기념비 건립예배 순서

사회 : 박천일 목사
(한국기독교성지순례선교회 전문위원)

대회장인사 ──────────── 한국교회사가 김수진 목사
신앙 고백 ────────── 사도신경 ─────────── 다 같이
찬   송 ──────────── 265장 ──────────── 다 같이

　1. 옳은 길 따르라 의의 길을 세계 만민이 의의 길
　　　이 길 따라서 살 길을 온 세계에 전하세 만백성이 나갈 길
　후렴 : 어둔 밤 지나서 동튼다 환한 빛 보아라 저 빛
　　　주 예수의 나라 이 땅에 곧 오겠네 오겠네 아멘
　　　(집필자 주, 이하 생략).

기   도 ──────────────── 서상륜 후손 서원석 장로
성경 말씀 ──────── 행 1 : 6-9 ──────── 사 회 자
　　　　　　　　　　　　　　　　　　　　(집필자 주, 생략)
찬   양 ─────── 유엔젤중창단 ─────── 단장 박지향
　　　　　　　　　　　　　　　　(우경식, 신우경, 윤종현, 김효종)
설   교 ──────── 교회의 선교적 사명 ──────── 목원대학교
　　　　　　　　　　　　　　　　　　　　　　 전 총장 박봉배 목사
축   사 ──────────── 백석대학교 석좌교수 민경배 목사
축   도 ──────────── 총신대 운영이사장 김동권 목사

기념비 건립 제막식 순서

사회 : 박천일 목사
(한국기독교성지순례선교회 전문위원)

개 식 사 ─────────────────── 사 회 자
경 과 보 고 ──────────── 선교회 전문위원 총무 백수복 목사
추모시 낭송 ─────────── 호서대학교 교수 김소엽 시인

한국 기독교 선구자 서상륜

한국 교회의 반석이시여

일찍이 조실부모하여/동생과 함께 홀로 서기를 연습하여
한학을 공부하고/만주 땅에서 행상으로 고려문을 넘나들던
그를 사용하신 하나님

이역만리 타향에서/열병으로 다 죽게 되었을 때
매킨타이어 목사를 통해 새 생명을 얻고/결신을 했던 인삼장수
한국의 베드로여

한학을 예비시켰던 하나님께서/로스 목사와 함께 한문 성경을

최초로 한글로 번역했던 /예수성교 누가복음젼서,

소래와 한양을 오고가면서/일사각오의 신앙으로
한국 최초의 민족 자생 교회/〈소래교회〉를 세우고, 그 후 선교사를 도와
새문안교회 및 승동교회와 연동교회를 세워/한국교회의 초석을 세우신 이여
누가 알았으리요/일백 이십년이 지난 오늘날
오만 교회가 설립되고/세계선교의 중심에 우리나라가 있게 된 까닭을

당신이 뿌리신 선교의 열매가/전 세계로 퍼져 나가
온 세상이 하나님 나라/사랑의 꽃씨 하나가
온 세상 예수 향기로 가득 채우네

한국 기독교 선구자 이수정

한국 기독교 첫 번째 밀알

우리나라가 아직 빛을 몰랐던/대원군의 쇄국정책 시절
1843년 전라도 옥과현에/밝은 별 하나 떴네

캄캄한 어둠에 갇혀있던/우리나라를 축복하시려고
한 영혼을 탄생시켜/그 영혼의 심지에 불을 밝혔네

최초로 세례교인이 된 그는/한국인 최초의 순교자

한 알의 밀알이 땅에 떨어져 죽음으로/백 배 천 배의 결실을 맺었네

이 땅은 순교자의 피값으로/축복받고 잘살게 된 은혜의 땅

참으로 고맙고 감사하여라/선교사가 오기 전 복음이 먼저 전파된 나라

일본 땅에서 「마가복음」을 번역하고/자청해 선교사를 파송해 달라 미국에 요청하여

아펜젤러 언더우드의 손에 번역된 성경을 들려 보낸

세계 최초의 기독교 자생국가가 되게 한/이 놀라운 기적

오! 한국 기독교의 선구자여

한 알의 밀알은 땅에서는 수많은 열매/그 영혼은 하늘과 땅을 이어준

아름다운 구름다리 되었으니/그 다리 건너는 자마다

영생을 얻고 천국을 얻으리라

축   사 ─────────── 예장 증경총회장 서기행 목사

인   사 ─────────── 성지순례선교회 회장 박경진 장로

비문 낭독

서상륜 ─────────── 성지순례선교회 전문위원 박선경 목사

한국 기독교 선구자 서상륜

　　서상륜은 1848년 평안도 의주에서 출생하였다. 당시 조선은 쇄국정책으로 외교의 문이 닫혀 서양문화의 접근이 불가능하였으며, 나라 안은 가난과 온갖 전염병에 시달리며 문화와 문명의 세계를 모른 채 살아가는 백성이 많았다. 그때 의주에서 고려문을 드나들며 홍삼장사를 하던 서상륜은 1878년 만주에서 활동하던 로스와 매킨타이어 선교사를 만나 그들에게 조선말 가르쳐 주는 일을 하다가 성경을 읽고 감동되어 로스의 전도로 예수를 영접하고 세례를 받았다. 그는 1882년 로스 선교사와 함께 최초로 「누가복음서」를 한글로 번역하였다. 그 후 그는 자신이 번역한 누가복음서를 가지고 고향인 의주로 잠입, 황해도 장년 소래에서 전도 활동을 하다가 1883년 소래교회를 세움으로써 마침내 "한국 최초 자생교회"를 세우는 업적을 남겼다. 그는 1887년 새문안교회가 세워질 때에도 큰 공을 세웠으며 또한 관서, 관북 지방의 권서로서 복음사역에도 크게 기여한 후 1926년에 생을 마감하였다. 한국 기독교선교역사에 초석을 이루며 빛을 드러낸 그의 위대한 업적과 숭고한 신앙을 국민에게 널리 알리고 한국 복음화와 세계선교의 기폭제를 삼고자 한국 기독교 선구자의 기념비를 여기에 세운다.

　　　　　　　　건립 : 한국기녹교성시순례신교회 회장 박경진
　　　　　　　　비문 : 한국교회사가 김수진 교수
　　　　　　　　주후 2006년 6월 20일

　이수정 ──────────── 성지순례선교회 전문위원 송현숙 교수

한국 기독교 선구자 이수정

이수정은 1843년 전라도 옥과에서 출생하였다. 1882년 명성황후를 임오군란의 위기에서 구출한 공로로 그해 9월 2차 신사유람단의 비수행원으로 일본을 방문하였다. 그는 일본 농학자 쓰다를 만나 예수를 영접하고, 1883년 야스가와 목사로부터 세례를 받았다. 민족을 사랑하는 마음과 불붙는 열정으로 암흑의 땅 조선에 선교사를 보내주도록 편지를 두 번이나 미국에 보냄으로 '한국의 마게도니아인'의 역할을 하였다. 이 편지가 미국의 선교잡지에 기사화, 조선선교사 지망을 촉발시키는 계기가 되었다. 또 1884년 12월 일본에서 최초로 「마가복음서」를 한글로 번역, 출간하였다. 1885년 4월 한국 선교사로 첫 번째 입국하는 아펜젤러와 언더우드가 그 마가복음서를 가지고 들어왔다는 사실은 한국 기독교 역사 가운데 매우 뜻깊은 일이다. 일본에 머물러 전도 활동과 성서번역에 헌신한 그는 국내 보수파에 의해 유인되어 1886년 귀국하자마자 수구파 정적의 손에 무참히 처형당함으로써 순교하였다. 4년 동안 일본에서 활동하며 한국 기독교 선교역사의 초석을 이룩한 그의 숭고한 신앙과 업적을 기리며 국민에게 널리 알려 한국복음화와 세계선교의 기폭제를 삼고자 한국기독교 선구자 이수정의 기념비를 여기에 세운다.

건립 : 한국기독교성지순례선교회 회장 박경진
비문 : 한국교회사가 김수진 교수
주후 2006년 6월 20일

기념비제막봉헌 —————————————— 내빈 일동
기도(오찬감사) —————————— 기성 증경총회장 정진경 목사

한국 기독교 선구자 서상륜

3. 기념비 건립위원 명단 (가나다순)

감경철, 강기원, 강성모, 강원용, 고춘섭, 곽노홍, 곽선희, 구자선, 구자성,
길자연, 김건철, 김경례, 김경웅, 김광수, 김기수, 김남식, 김동권, 김동수,
김동엽, 김동호, 김득연, 김범렬, 김병모, 김병삼, 김병일, 김복수, 김삼환,
김상길, 김선초, 김성욱, 김성철, 김소엽, 김순권, 김영소, 김영진, 김의식,
김우겸, 김우신, 김인환, 김일환, 김장원, 김재권, 김재송, 김종채, 김중은,
김충인, 김치성, 김항재, 김홍도, 나겸일, 남상학, 노승숙, 류재하, 리진호,
목창균, 문성모, 문장식, 민경배, 박경조, 박경진, 박귀용, 박명수, 박봉배,
박상철, 박선경, 박영남, 박영귀, 박영률, 박영준, 박왕규, 박용주, 박정규,
박종구, 박종순, 박천일, 박충환, 박형규, 박형호, 박환창, 박희달, 박홍일,
방인근, 백기환, 백도웅, 백수복, 서기행, 서원석, 소의수, 손석태, 송현숙,
신경하, 안기초, 안영로, 안충수, 양회선, 엄문용, 염영식, 원광기, 유명애,
유재건, 유재수, 유한기, 유호기, 윤경로, 윤연수, 윤춘병, 은순기, 은춘표,
이강모, 이규석, 이규실, 이기억, 이덕주, 이동원, 이만열, 이명숙, 이병돈,
이상범, 이상웅, 이성필, 이수영, 이승영, 이영주, 이우호, 이정식, 이종무,
이종섯, 이진호, 이창용, 이 천, 이철신, 이형규, 이호계, 임선재, 임성철,
장영학, 장종현, 장지영, 전 윤, 전익상, 전재규, 전종인, 정근모, 정상운,
정연택, 정진경, 정헌홍, 조경대, 조명동, 조성기, 조세형, 차봉오, 최규식,
최병두, 최석환, 최성규, 최호철, 최희범, 한영제, 허윤재, 홍순우, 홍희천,
황기식, 황우여

| 한국 기독교 선구자 기념비 건립 대회장 김수진 목사

| 한국 기독교 선구자 기념비 건립 준비위원장 박경진 회장

| 한국 기독교 선구자 기념비 제막식에 참여했던 교계인사들(앞줄 좌측부터 민경배, 이수영, 박봉배, 김동권, 김수진, 박경진, 김소엽, 박선경, 한춘자, 백수복, 박형호)

Ⅰ 준비위원장 박경진 회장이 인사의 말을 하고 있다.

Ⅰ 한국 기독교 선구자 서상륜(우측), 이수정(좌측) 기념비 제막식 커튼을 하고 있다.

| 용인시 총신대학교 신학대학원 캠퍼스 안에 있는 선구자 이수정 기념비

| 1883년 5월 일본 동경에서 모인 일본 기독교지도자대회 앞줄 한복입은 이수정, 오른쪽에서 세번째가 의원의장 유하사지로, 다섯번째가 농학자 쓰다젠, 둘째줄 오른쪽에서 네번째 동지사대학 창설자 니지마조, 다섯번째 무교회주의자 우찌무라간조

한국 기독교 선구자 서상륜

초판인쇄 _ 2009년 12월 08일
초판발행 _ 2009년 12월 11일

―

지은이 _ 김수진

발행인 _ 박경진
펴낸곳 _ 도서출판 진흥
출판등록 _ 1992년 5월 2일 제5-311호

―

주소 _ 130-812) 서울특별시 동대문구 신설동 104-8
전화 _ 영업부 2205-5113 편집부 2230-5155
팩스 _ 영업부 2205-5112 편집부 2230-5156

―

전자우편 _ publ@jh1004.com
홈페이지 _ www.jh1004.com

정가 12,000원